Charles Langley.* Crow

Zur Geschichte des kurzen Reimpaars im Mittelenglischen

Charles Langley.* Crow

Zur Geschichte des kurzen Reimpaars im Mittelenglischen

ISBN/EAN: 9783743661790

Hergestellt in Europa, USA, Kanada, Australien, Japan

Cover: Foto ©ninafisch / pixelio.de

Weitere Bücher finden Sie auf **www.hansebooks.com**

Meinem hochverehrten Lehrer

Herrn Prof. Dr. A. Brandl.

Einleitung.

Bei der folgenden Untersuchung über das kurze Reimpaar, das einfachste von den regelmässigen Metren me. Zeit, habe ich nur Denkmäler heranziehen wollen, die es bereits voll eingebürgert zeigen und zugleich in mehreren Hss. überliefert sind, um für die Resultate eine verlässige Unterlage zu gewinnen. Die genaue Feststellung metrischer Verhältnisse geht ja immer Hand in Hand mit der Herstellung eines kritischen Textes. Das älteste Denkmal dieser Art ist The Harrowing of Hell, welches ich in der Ausgabe von Mall, Breslau 1871, benutzt habe, weil die spätere Ausgabe von Böddeker, „Ae. Dichtungen des Ms. Harl. 2253", Berlin 1878, nur eine Hs. wiedergibt — also keinen Fortschritt der Forschung bedeutet. Es ist gegen 1250 ungefähr in der Mitte Englands entstanden und liegt in drei Hss. vor, während das etwas ältere südliche Streitgedicht »Eule und Nachtigall« nur zwei geboten hätte. An zweiter Stelle zog ich den Cursor Mundi heran, das Hauptdenkmal des nördlichen Dialekts zu Ende des XIII. Jahrhunderts, und zwar benutzte ich die Verse 18989 bis 24968, weil diese in fünf vorzüglichen Hss. erhalten sind, herausgegeben von Morris, E. E. T. S. 57, 59, 62, 66, 68. Drittens wählte ich Chaucer's House of Fame, welches bekanntlich 1383--84 in dem zur Schriftsprache sich ausbildenden Londoner Englisch entstand und von der Chaucer Society nach drei Hss. und den beiden ältesten Drucken mitgetheilt ist: Furnivall, „Chaucer's Minor Poems" 57 und „Odd Texts" 60. Es handelt sich also um Denkmäler, welche um ein halbes, resp. anderthalb Jahrhunderte auseinander liegen, verschiedenen Dialekten angehören und auch von Dichtern ziemlich ungleicher Art stammen: The Harrowing of Hell hat einen frischen volksthümlichen Zug; der Cursor Mundi ist eine breite Dichtung von mönchischem Charakter; das House of Fame ist der Ausdruck eines hohen, reifen Dichtergeistes, welcher an den lateinischen Classikern und der italienischen Frührenaissance in die Schule ging, bis er selber zu einem nationalen Classiker wurde.

Ueber die beiden letzten hat uns zwar bereits Jacob Schipper in seiner „Englischen Metrik" 1. Band S. 188 ff., 265 ff. und 280 ff. orientiert, und das House of Fame ist überdies von ten Brink, „Chaucers Sprache und Verskunst", Leipzig 1884, mit berücksichtigt. Doch können wir uns für diese Arbeiten wohl nicht dankbarer erweisen, als indem wir die darin umschriebenen Arten und Richtungen der Verskunst, jede für sich, vornehmen und möglichst genau ihre Geschichte schreiben. Es wird sich dabei nicht bloss um die allgemeine Struktur des kurzen Reimpaares handeln, welche ja ziemlich bekannt ist, sondern auch um die Fragen: wie weit die Abweichungen von der Schablone vom Geschmack, genauer von den Betonungsverhältnissen der Zeit abhängen; wie weit sie der Dichter zum Ausdruck wechselnder Stimmung verwenden konnte; und welche grammatischen Verhältnisse, namentlich in Bezug auf die Quantität offener Accentsilben vor Suffix, auf die Synkope von Flexionsvocalen und auf das Tönen des End-e, damit in Zusammenhang stehen?

Im Französischen besteht das Schema des kurzen Reimpaares aus zwei durch Endreime gebundenen Versen von je vier jambischen Füssen, meist mit Caesur nach dem zweiten. Nur die Zahl der Silben kommt in Betracht, niemals die Quantität. Klingender Ausgang wird wie stumpfer behandelt, d. h. was am Schlusse reimt, gilt für eine Silbe. Die erste Senkung, der sogenannte Auftakt, darf nicht fehlen. Die Senkung auf der Caesur ist häufig zweisilbig. Vgl. Adolf Tobler, „Vom französischen Versbau alter und neuer Zeit", Leipzig 1880.

Als dies Versmass gegen 1200 bei den Südangeln und

bald nach 1200 bei den Sachsen aufgenommen wurde (vgl.
Brandl in Paul's Grundriss, Me. Lit.-Gesch. §§ 16 und 20),
rissen in Folge der germanischen Betonungsweise und der
losen rhythmischen Traditionen, welche die alliterierende
Langzeile hinterlassen hatte, allerlei Freiheiten ein. Das
Französische kannte nur „Verschleifung auf der Senkung",
d. h. irgend ein Vocal ausserhalb des Wort- oder Satzaccentes
kann auf unmittelbar folgenden Vocal (oder h + Vocal) hin-
über gezogen werden; z. B. Lyoner Ysopet 784:

    Lo croc comance a araignier
    Et de paroles a aplaignier

(vgl. Tobler S. 60 und 62). Diese Freiheit hatte im Ae. ge-
fehlt, entsprechend dem damaligen explosiven, daher scharf
trennenden Anlaut, der sich namentlich durch das gemein-
same Alliterieren aller Vocale verräth. Im Me. aber konnte
sie um so eher eindringen, als mit dem Zurücktreten der
Alliteration wohl auch der explosive Anlaut dem allmählichen
wich, wie er im heutigen Englisch herrscht. Bezeichnend
dafür ist es, dass Verschleifung in der Senkung ebenso auf
folgendes *h* wie auf Vocal erfolgen kann: z. B. *wake and
dreme, to amounte, the other, the heire, to heren*. Dagegen ist
es eine häufige ae. Erscheinung, die sich jetzt neben der
französischen Verschleifung in der Senkung erhält, dass Ver-
schleifung auf der Hebung eintritt, d. h. kurzer Accentvocal
plus einfachem Consonanten plus Suffixvocal (blosses End-e
genügt im Me. bald wohl nicht mehr, sondern erfährt eher
Apokope) werden zusammen so schnell wie sonst ein ein-
silbiges Wort gesprochen: z. B. *any, body, heuen, other, carie,
felow, mikil*. Von vornherein ist es aber zu bemerken, dass
im Englischen auch Suffix mit einfacher Liquida in der
Senkung auf folgenden Vocal verschleift werden kann: z. B.
suster and, litil of. Selbst ein me. Dichter ersten Ranges
wie Chaucer erlaubt sich dergleichen (vgl. ten Brink § 272).
Erst *suster for brother* wäre zweisilbige Senkung.

    Diese beiden Arten der Verschleifung, im Mhd. ganz
gewöhnlich, fehlen im Nhd., während sie sich im Ne. gut

bewahrt haben. Der Verschleifung in der Senkung steht im heutigen Deutsch wohl der explosive Anlaut entgegen; *zu einer, die entwickelte* wäre höchstens vulgär; aber *to a snake, the uncurtained*, selbst *murmur of* steht ohne aufzufallen in „Sonnets of this Century", Canterbury Poets S. 343, 245, 247. Verschleifung auf der Hebung ist im Deutschen seit dem XV. Jahrhundert unmöglich geworden, weil seitdem jede Accentsilbe entweder langen Vocal oder (nach kurzem Vocal) langen Consonanten hat, entweder *Hāsen* oder *hassen*; im Englischen aber werden *any, body, carry, fellow* u. s. w. noch in der heutigen Poesie oft wie einsilbig gebraucht, weil sich vor gewissen („schweren") Suffixen die Accentsilbe kürzte oder kurz erhielt, an Vocal und an Consonant.

Eine weitere Freiheit ist die schwebende Betonung d. h. die Verschiebung des Versaccents auf eine Silbe, welche schwächeren Wortaccent hat als eine daran stossende Silbe in der Senkung. Das Ae. mit seiner strengen Einheit von Vers- und Wortaccent wusste nichts davon. Im Ne. wird die Differenz zwischen Vers- und Wortaccent nicht ausgeglichen, wie im Deutschen, sondern es wird nach dem Wortaccent gelesen, so dass für solche Fälle mehr ein silbenzählendes Princip gilt. Das Me. hat die Erscheinung aus dem Französischen mit übernommen. Für die Bestimmung ihres Umfanges haben wir eine Grundlage und Grenze an den Reimen: so weit für diese eine nebentonige Silbe ausreicht, wird sie auch für eine Hebung im Versinnern genügen.

Einfaches End-e war im Me. bereits zu flüchtig, um Quantität der Wurzelsilbe kurz zu erhalten oder gar Länge zu kürzen. Eine metrische Parallele dazu ist es, dass es seit Anfang des XIII. Jahrhunderts nicht mehr zum Reim genügt; Laȝamon hat noch *londè:leodè*; King Horn wenigstens noch *bltþè:liþè*; Harrowing of Hell aber bloss *behéte: prophéte* oder *gódnèsse:sibnèsse* wie im Nhd. Es kann daher wohl auch keine schwebende Betonung auf sich ziehen. Selbst das e einer consonantisch auslautenden Flexionssilbe ist schon bei Orm viel seltener dazu fähig (z. B. *nemmnèdd, habbènn*) als ein Bildungssuffix (Schipper, Met. I 127).

Weniger Freiheiten als vielmehr schon Unregelmässigkeiten sind es, wenn im Englischen unter Umständen der Auftakt oder auch eine Senkung im Innern des Verses, besonders auf der Caesur, durch eine Pause ersetzt werden kann; und wenn andrerseits eine Senkung ausserhalb der Caesur zweisilbig erscheint. In diesen beiden Punkten wirkte offenbar der Rhythmus der alliterierenden Langzeile nach, beim kurzen Reimpaar nicht minder wie beim Septenar, der mit Unrecht manchmal als ihr Erbe schlechtweg angesehen wird. Die beiden letzten Freiheiten — Fehlen und Ueberladen einer Senkung im Versinnern — sind auch schon im Anglonormannischen vorhanden; die Senkung kann sogar ausser der Caesur fehlen; vgl. Robert Guerlich, Bemerkungen über den Versbau der Anglonormannen. Inaug.-Diss. Strassburg 1889. Im Ne. ist wenigstens im Versinnern einsilbige Hebung und Senkung durchgeführt. Es ist daher die Frage: wie lange sich jene Unregelmässigkeiten hielten, und ob sie auch zu künstlerischen Zwecken verwendet wurden?

Da in vielen Fällen zwei oder drei der obigen Erklärungsweisen angenommen werden können, ist im Voraus festzustellen, welche den Vorzug verdient? Abgesehen von Synkope und Apokope, die als grammatische, d. h. auch in Prosa vorkommende, daher manchmal sogar geschriebene Schwankungen zuerst aushelfen müssen, wenn ein Vers sich nicht lesen lässt, hat jedenfalls die Verschleifung den Vorzug vor der schwebenden Betonung; denn das Zusammenziehen zweier Silben stört den Rhythmus nicht, aber der Widerstreit von Wortton und Verston erheischt eine Brücke. Verschleifung in der Senkung ist zwar viel häufiger zu erweisen als die auf der Hebung, weil unbetonter Vocal plus Vocal leicht zusammen treffen. Ich sage aber ne. lieber „*Many a green isle*" als das undeutliche *Many a* und würde daher auch me. Verschleifung auf der Hebung vorziehen. Fehlen oder Zweisilbigkeit der Senkung, besonders wenn ausserhalb der Caesur, nehme ich nur dann an, wenn alle andern Mittel, den Vers zu heilen, versagen.

Aus diesen Darlegungen geht bereits hervor, dass die

Untersuchung nicht bloss auf streng metrischem Gebiete bleiben kann. Sie wird gelegentlich auf die Wertschätzung der Hss. und die Herstellung eines kritischen Textes Licht zu werfen haben. Sie muss auf grammatische Fragen eingehen, auf Veränderungen des Worttons, auf Kürzung vor Suffix, auf Synkope und Apokope des Flexions-e. Endlich ist hoffentlich auch für die rhetorische Kunst der Dichter mancher interessante Seitenstrahl zu erwarten, denn die Metrik ist die Schwelle der Poetik.

A. The Harrowing of Hell.

§ 1. Die drei Hss., worin das Gedicht uns überliefert ist, sind E = Auchinleck Ms., Edinburg, um 1340; L = Ms. Harley 2253, London, um 1320; O = Ms. Digby 86, Oxford, aus dem Ende des XIII. Jahrhunderts. Das Verhältniss der Hss. gestaltet sich nach Mall so:

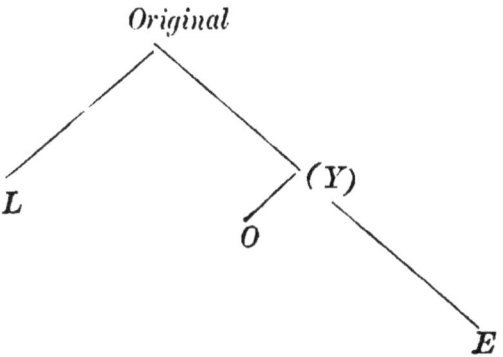

L ist die beste Hs. und demnach von Mall seinem kritischen Texte zu Grunde gelegt; s. Einl. Seite 7. Auf O und E zusammen, weil einer Familie angehörig, ist, c a e t e - r i s p a r i b u s, weniger Gewicht zu legen als auf L allein.

§ 2. *Klingender Ausgang.*

Diese Erscheinung begegnet entweder auf End-e oder, in den folgenden sechs Versen, auf Flexions-en: 169/70, 231/2, 239/40. Er ist dem stumpfen ganz gleich gestellt, wie es dem volleingebürgerten Kurzreimpaar entspricht.

§ 3. *Zweisilbige Senkung.*

Die Fälle, wo sie durch Apokope eines End-e nicht beseitigt werden kann, sind:

a) **Auf der Caesur:**
Wo is him, þat þe knowe ne shal, vgl. aber: *þou hauest þat þou habbe shal, O*; *and euer was and ay be schal, E* 104.
þe lawe of Sinay upon þe hil 222.
In þi seruice and to heuene wende. 244.

b) **Nach der dritten Hebung:**
Longe haueþ ous þoht after þe 152.

c) **Nach der ersten Hebung:**
þou zaue (laddest L) ous (leue O) to zeme (z. f. *L, loken O) parais* 167. Vgl. Mall S. 45 und *zemeden* im folgenden Vers.

d) Im Auftakt ist kein sicherer Fall zu konstatieren.
Diese Fälle sind alle rhetorisch; Vers 104 und 222 sind hoch pathetisch, in V. 152 und 244 ist Sehnsucht, in V. 167 die durch Reue bewirkte Rührung ausgedrückt.

§ 4. *Fehlen der Senkung.*

a) Durch Anfügung eines berechtigten Flexions-e sind zu heilen: *world* Dat. Sz. Fem. 35, *wif* Dat. 174, *to ben* 69, *held* 157 (pract. me. oft schwach), *herd* 139. In V. 129 *Were þou among men* ist vielleicht *amonges* zu lesen, doch bieten *EO* in beachtenswerther Weise *W.þ. unbounde(n) among men.*

In *Mo þan ich telle can* 26 ist vermuthlich eher *Mare* zu lesen.

b) Fehlen der Senkung bleibt sicher:

I. **In der Caesur:**
Nere Jesu Crist, godes sone 14,
Hot and cold, hunger and þrist 50,
And wiþ þe alle mine 64,
Satanas, it wes min 93,
Louerd, god, zif ous leue 173,
Louerd, Crist, ich it am 181,
þat þou, Crist, godes sone 211.

II. **Nach der dritten Hebung:**
Ich haue þoled al þis 58,
He shulen among men (mankin EO) zonge 132,

More for þi godnesse,
þan for ani sibnesse 203/4.

III. Nach der ersten Hebung:
A strif wille I tellen ou 2,
In me as in oþer man 78,
God for his moder loue 235,

Alle Fälle haben wieder rhetorische Haltung. Gewöhnlich bezweckt der Dichter die Hervorhebung des Wortes, nach oder in welchem die Senkung fehlt. Fehlt die Senkung in der Caesur, so betont er gerne einen Gegensatz oder eine Parallele. Das Fehlen der Senkung rückt einen Begriff kräftig in den Lichtkreis der Aufmerksamkeit, während die doppelte Senkung der ganzen Zeile eine gewisse Bewegtheit verleiht. Jedenfalls haben wir es nicht mit blossen Nachlässigkeiten zu thun.

§ 5. *Der Auftakt fehlt:*

a) regelmässig zu Anfang eines Absatzes, oft auch einer Rede: 1, 29, 43, 65, 73, 83, 93, 101, 9, 17, 25, 35, 43, 5, 9, 55, 65, 81, 91, 5, 205, 17, 27, 35; während die Schlusszeile eines Absatzes mit Vorliebe Auftakt zeigt: 70, 100, 16, 24, 63/4, 189/90, 226, 243,4.

b) Die meisten Verse des Prologs zeigen Auftakt, was zu ihrer epischen Ruhe wohl stimmt. Er verschwindet aber durch eine Reihe von Versen, wenn gewichtiger Ernst dramatisch zu markieren ist; so in den feierlichen Reden des Dominus (43—51); in der vernichtenden Rede an den Satan (109—16 fast ausnahmslos); in befehlenden Versen (136, 7, 143, 5, 8); ferner in den Hauptversen von Christi Dialektik (73, 93, 6, 128), während, wenn er beweglich von seinen Leiden spricht (52 ff.) oder herablassende Vorstellungen macht (79 ff., 94 ff.), der Auftakt sogleich wieder erscheint. Die Trotzreden des Satans (65—9, 83—92, 101—5) zeigen noch regelmässiger Auftaktlosigkeit, ausser wenn er bänglich jammert (106). Die Verse des feigen Janitors, welcher vor dem Erlöser davonläuft, haben meist Auftakt (139—42). Auch die Verse der Altväter nehmen dann gewöhnlich Auftakt an, wenn sie bittend, demüthig, hoffend werden. Der Epilog, weil ein kräftiges Gebet, hat meistens keinen Auftakt mit Ausnahme des Schlusses — wie zu erwarten — und des sehnsüchtigen Verses *Ah bring ous out of helle pine* (241).

Würde man auch zu weit gehen, in jedem Falle, wo der Auftakt fehlt, nach einer rhetorischen Absicht forschen zu wollen, so liegt diese doch in der grossen Mehrzahl der Fälle klar zu Tage. Aus einem Mangel des, rhythmischen Schemas hat also der englische Dichter ein charakterisierendes Mittel der Poetik gemacht.

§ 6. *Apokope.*

Die Verse, welche zweisilbige Senkung ohne rhetorischen Grund zu zeigen scheinen, sind sämmtlich dadurch zu heilen, dass man bereits facultative Apokope des End-e annimmt; vgl. besonders:

Crist[ẹ] 16, *deþ*[ẹ] 180, Dat.; *lawẹ* 24, *hellẹ* 210, *sinnẹ* 226, Fem.; *spekẹ* 66, 125, *makẹ* 98, *comẹ* 225, Inf.; *willẹ* 136, *comẹ* 135, Praes. Ind. Sg.; *hauẹ* 159, Imp. Sg.; *werẹ* 201, *gauẹ* 221, Praet. Ind. 2. Sg.; *he(ue)dẹ* 7, 24, Prät. Ind. Sg. schw.; *betẹ(n)* 55, *werẹ* 166, *didẹ* 169, Praet. Ind. Pl.; *kepẹ* 141, Pract. Conj. Sg.; *werẹ* 111, 179, Praet. Conj. Sg.

Zwischen Substantivum und Verbum wird kein Unterschied gemacht. Solche Behandlung entspricht auch dem sonstigen Charakter der Sprache als eines Mitteldings zwischen Norden und Süden.

Vor Vocal verliert End-e in der Regel seinen Silbenwerth, nicht aber obligatorisch; z. B. *lihte óf* 31, *wife* (Dat.) *Éue* 174, *séide ír* 220, *gráunte ous* 238. Vor *h* hält es sich; Ausnahmen sind nur *shuldẹ he* 13, *seidẹ he*, *fettẹ him* 30, *letẹ hem* 142. Das Me. scheut überhaupt den Hiatus nicht.

§ 7. *Synkope.*

a) Synkope des Vocals in den Flexionsendungen *es* und *est*, neben voller Aussprache, wie sie poetisch noch im Ne. erlaubt ist, steht in: *Adamẹs* 57, *mannẹs* 98, *soulẹs* 106, *wendẹst* 111, *woldẹst* 130, *fendẹs* 131; also nach langer und kurzer Wurzelsilbe, nach einem und zwei Consonanten. Dass ein Praeteritum auf *ede(n)* Synkope und Apokope erfährt, ist nicht zu belegen; *gemeden* 168, *polede* 208 sind zweisilbig. Es begegnen sogar *léuedést* 60 und *fólewéde* (viersilbig) 22. Das -n der Pluralendungen, des Infinitums und des Particips habe ich eo ipso als schwankend behandelt.

b) Ferner haben wir es mit Synkope von nachtonigem Consonanten und Vocal zu thun in: *he(ue)de* 7 und 24, *ha(ue)st* 59, 61, *ma(ke)d* 96, *Lo(ue)rd* 153 und 221, *e(ue)rich* 192 und *si(ppe)n* 10, neben *sippen* 99. Synkope wurde offenbar früher in der Aussprache durchgeführt als in der Schreibung.

§ 8. *Verschleifung.*

a) In der Senkung sind nur die Fälle unzweifelhaft, wo Suffix mit einfacher Liquida am Schlusse auf einen folgenden unbetonten Vocal hinübergezogen ist: *winter and* 45, *hunger and prist* 50, *winter is* 74. Doch wäre Verschleifung in der Senkung auch möglich in: *mani oper* 25, *whider I go* 120, *mani of* 130.

b) Verschleifungen auf der Hebung: *michil* 7, *Adam* 10, 15, 166, *David* 19, 195 und wahrscheinlich 201, *other* 98, *heuen* 105, 238 und *folue(e)de* 206. In allen diesen Fällen, nur mit Ausnahme von *David*, ist der Accentvocal, obwohl in offener Silbe, bis auf den heutigen Tag kurz geblieben, in der Metrik facultativ ein- oder zweisilbig. Danach erklärt sich Orms Schwanken zwischen *sefenn* und *seffenn*, *heofenn* und *heoffenn* (vgl. Angl. VII Anz. 169).

§ 9. *Schwebende Betonung.*

a) Das germanische Betonungsprincip zeigt sich hier noch sehr stark. In V. 44 *Sorewes (suffred)* ist Verstummen des einen e anzunehmen, denn auch die Alliteration spricht gegen schwebende Betonung. Bei *Louerd* 153, 221 spricht das über den Auftakt Gesagte für Synkope. Die Reime, welche schwebende Betonung beweisen, sind: *ofspring* 20, 88, 196, *coward* 138, *coming: froring* 163/4. Etwas abseits steht *gódnèsse: sibnèsse* 203/4, ein beachtenswerther Rest älterer Betonungsweise. Es ist also zur schwebenden Betonung wohl ein starker Nebenaccent erforderlich, um die Hebung auf sich zu ziehen, sei es der zweite Bestandtheil eines Nominalcompositums oder die positionslangen Suffixe *ing, esse*.

b) Im Versinnern haben wir kaum Anlass, schwebende Betonung anzunehmen. In V. 199 bin ich geneigt, *Noŭ ṗoŭ art cōmen to oŭs* zu lesen. — Die Präposition war wohl wie im Ne. stärker betont als das zugehörige Pronomen: vgl. 178, 186. Französische Wörter schwanken natürlich in der Betonung: *résoun* 85, 100, *mérci* 159, aber *seruíce* 244. Fremde Eigennamen können noch immer auf beiden Silben betont werden: *Baptist* 21, *Moisés* 23, *Euč* 178, neben der jetzigen Betonungsweise. Schwebende Betonung hat sich daher der Dichter vielleicht nur wegen der Schwierigkeit, Reime zu finden, erlaubt.

c) Schwebende Betonung syntaktischer Art mag man es nennen, wenn das wichtigste Wort des Satzes in der Senkung steht. Vgl. *ṗat ṗou hauęst wel motę ṗou welde!* 108, wo der Gegensatz zum vorigen Satz beweist, dass der Accent auf dem ersten *ṗou* liegt.

§ 10. *Alliteration.*

a) Gleichen Anlaut bei Partikeln lasse ich nicht als Alliteration gelten — es müssen satztonige Wörter sein. Seltener als im Ae. reimen Vocale mit einander, doch vgl. besonders *si(ṗṗe)n Adam and Eue ṗen appel etc* 10. Die Stäbe sind folgendermassen vertheilt:

Auf der I. und II. Hebung: 1, 44, 162.

Auf der I. und III. Hebung: 8, 45, 50, 6, 95.

Auf der I. und IV. Hebung: 52, 4, 78, 174, 86, 224, 6, 39.

Auf der II. und III. Hebung: 79, 157, 206, 42.

Auf der II. und IV. Hebung: 34, 43, 107, 49.

Auf der III. und IV. Hebung: 15, 40, 77, 82, 110, 21, 2, 3, 44, 8, 70, 91, 210, 34, 40.

Auf der I., II., III. und IV. Hebung: 10.

Auf der I. und III., II. und IV. Hebung: 150.

b) Aus diesen Belegen geht hervor, dass gerade jener Typus, der im Ae. verboten war, nämlich Stabreim auf den beiden letzten Takttheilen eines Verses, hier am häufigsten ist. Das alte rhythmische Princip der alliterierenden Langzeile, welches fallend war wie der germanische Wortaccent, ist gleich diesem offenbar angegriffen. Gleichheit des Wortanlautes ist nur mehr ein Mittel des Nachdruckes oder Schmuckes, rückt daher unwillkürlich an den Endreim als an die stärkste, nachdrücklichste Stelle des neuen Verses. Ferner ergiebt sich, wenn man die angeführten Fälle nachschlägt, dass zwei Stabreime in unmittelbar benachbarten Takttheilen gewöhnlich einer Formel angehören, zwei Stabreime aber, von denen der eine am Anfang, der andre am Ende des Verses steht, eine logische Parallele oder einen Gegensatz zu markieren haben.

§ 11.

Ein Vers zeigt Binnenreim:
He is min and al his kin 92.
Dies ist kein glatter Reim, doch wäre er auch im Versauslaut statthaft; vgl. *min : him* 93/4, 99/100.

§ 12. *Enjambement*

wird nicht vermieden; vgl. 2, 4, 5, 13, 33, 35, 37, 39, 45, 49, 51, 57 u. a.; doch findet es sich bei unserm Dichter, mit Chaucer im House of Fame verglichen, verhältnissmässig selten.

Einschnitt der Rede in der ersten Hälfte des Verses ist seltener als in der zweiten und nur in leichter Weise vorhanden, zwischen der I. und der II. Hebung:

a) **Bei directer Anrede:**
Adam, þou hauest dere aboht 59,
ähnlich 61, 101, 149, 151, 153, 155, 165, 173, 177, 181, 195, 201, 205, 211, 217, 221, 227, 235, 242.

b) **Zwischen Nomen und zugehörigem Relativum:**
þe appel, þat þou gaue him 94,
ähnlich 84, 113, 116, 161, 214, 226, 231.

c) Zwischen Verbum und abhängigem Satz:
And seide, he wolde fette hem þore 30,
ähnlich 55, 70, 111, 125, 138, 179.

§ 13.

Der Gesammtartikel über die metrische Kunst des Dichters ist demnach etwa so zu fassen: er baut das Kurzreimpaar nur mit jenen Freiheiten, welche zur Nationalisierung des Metrums gehörten; er verwendet sie zu seinem Vortheil, nicht bloss zu seiner Bequemlichkeit; er gebraucht sie häufig und noch in recht volksthümlicher Weise, ohne besondere verstandesmässige Feinheit oder künstlerisches Balancieren. Einige Lesarten von Y würde ich vorziehen.

B. Cursor Mundi.

§ 14.

Die Hss., welche in Betracht kommen, sind: E = Hs. in der Library of the Royal College of Physicians, Edinburg, aus der letzten Hälfte des XIII. oder dem ersten Viertel des XIV. Jahrhunderts; C = Cotton Vespas. A III. British Museum, aus der ersten Hälfte des XIV. Jahrhunderts; F = Fairfax Ms. 14 in der Bodleian Library, aus der zweiten Hälfte des XIV. Jahrhunderts; G = Ms. Theol. 107r, in der Göttinger Universitätsbibliothek, aus dem ersten Viertel des XV. Jahrhunderts; T = Ms. R. 3. 8 in der Trinity College Library, aus dem ersten Viertel des XV. Jahrhunderts.

Das Verhältniss dieser Hss. gestaltet sich so:

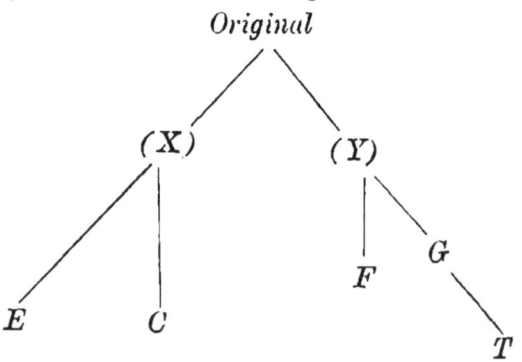

Vgl. Hupe, Genealogie und Ueberlieferung der Hss. des me. Gedichts Cursor Mundi, Göttinger Dissertation 1886, und Anglia XI 121 ff.; ferner Kaluza, Engl. Stud. XI 235 ff. Zweifelhaft ist es, ob T eine Abschrift von G ist. Hupe in seinem späteren Artikel und Kaluza behaupten das Gegentheil; wenn aber keine Abschrift, ist T doch wertlos, wo G vorliegt. X ist die bessere Familie. Als Grundlage habe ich E genommen, nach dem Beispiel Zupitzas in seinem Alt- und Mittelenglischen Uebungsbuch, IV. Auflage, Wien 1889, S. 91 ff. Dagegen sagt Hupe (Dissertation S. 50): „C bildet immer den Ausgangspunkt." „E steht C am nächsten, zeigt aber zu viele Versehen und Auslassungen, um anders als vergleichweise mit $F\ G$ gebraucht zu werden." — Ich habe zunächst nur jene Partien, Vv. 18989—24968, benutzt, welche in E erhalten sind, natürlich mit Auslassung der sechszeiligen Schweifreimstrophen Vv. 23945—24730.

§ 15.

In The Harrowing of Hell gingen alle Fälle klingenden Reimes, wie im Französischen, auf unbetonte Silbe aus, entweder auf blosses End-e oder auf Flexionssilbe mit e; hier finden wir einige Fälle, die auf nebentonige Ableitungssilbe enden: *undir—sundir* 22241/2, *sonder—wonder* 605/6, *glopin—opin* 609/10, *letter—bettere* 983/4 und *fabil—stabil* 23857/8. Das französische Princip hatte inzwischen offenbar Fortschritte gemacht.

§ 16. *Zweisilbige Senkung.*

a) Auf der Caesur sind die Fälle äusserst selten. Hierher mögen gehören:
And of ure elderis þat hauis ben aa 19091,
At þe (þe f. E) biginning for to be rede 19265,
Nakid and hungri (hunger E) seo clad and fed 20121,
And on þe west halue of þat cite 20993,
Sal knele (kerel E) don before (for E) cristes knee 22664,
Bot to be Petir þan sai I nai 23534,
I prai þe (þe f. C) leuedi þu wald þe sem 23913.

In den folgenden Versen möchte ich auch wegen der Alliteration lieber zweisilbige Senkung als schwebende Betonung annehmen:
At þair talking þaim teind sare 19119,
And (al E) þat treuli til him wil tente 19350,
For þis meting þat I wiþ met 19939,
[O]f trouþe spelland wiþoutin spare 20905.
Aehnlich 20000, 21, 1102, 1621, 2114, 667, 937 und 3242. Doch ist schwebende Betonung so viel häufiger als zweisilbige Senkung in der Caesur, dass diese Fälle wenigstens als zweifelhaft anzusehen sind.

b) Zweisilbige Senkung nach der ersten Hebung ist am ehesten vorhanden in:
And kneland bisoȝte (soght C) god of (his C) Grace 19786,
þou yeld vs again (gain C) vr ostel now 22623,
þan sal tai bigin to cri and calle 22649.

Hier zeigt sich bereits die Neigung von C, das Metrum regelmässiger zu gestalten. Umgekehrt hat E die Tendenz, zweisilbige Senkung einzuführen (19037, 68, 75, 350, 583, 762, 882, 926, 980, 7, 96 u. a.). Ueberhaupt ist E etwas gleichgültig gegen Regelmässigkeit und verdient daher weniger Glauben, wenn es Unregelmässigkeiten überliefert; ganz im Gegensatz zu C, welches oft den regelmässigen Rhythmus eigenmächtig herstellt und deshalb weniger Glauben verdient, wo es allein das Regelmässige bietet.

c) Zwei Senkungssilben nach der dritten Hebung oder im Auftakt kann ich nicht nachweisen; Rehercing 19882 ist durch Synkope zu heilen.

Rhetorische Absicht ist in den Fällen nach erster Hebung entschieden zu erkennen. Bei zweisilbiger Senkung auf der Caesur aber war wohl mehr das französiche Muster massgebend.

§ 17. *Fehlen der Senkung.*

A. In der Caesur sind sichere Fälle selten, aber offenbar absichtlich, um Bedeutsames oder Paralleles hervorzuheben:
Or clerk, or munc or (ellis F), canune 22002,
God, þat al wat þat es 23508,
Baþe quik and ded (and C), frend and fa 23938.

Ausserdem finden sich viele Fälle, wo die Senkung zu fehlen scheint, aber durch Annahme von tönendem End-e historischer Art herzustellen ist und um so mehr hergestellt werden muss, weil dabei jede rhetorische Absicht oft fehlt. Dies mag bei einem so entschiedenen nördlichen Denkmal der herrschenden Auffassung widersprechen; doch hat schon Luick (Anglia XI 592) auf derartige Fälle hingewiesen, freilich nur auf Grund einer einzigen Hs. Um sicher zu gehen, habe ich hier die historische Berechtigung des End-e möglichst weit gezogen, so dass nicht bloss alle ae. Flexionsvocale darunter fallen, sondern auch die früher flexionslosen Casus des Femininums und Plurales, desgleichen die Adverbien, weil da im Spätae. durch Analogie ein End-e mehr oder minder regelmässig eingedrungen war. Im Allgemeinen wird das End-e ja verstummt sein; zu häufig wäre sonst der Rhythmus verwirrt, oft auch der Reim ungenau. Nur ein facultatives Tönen, vielleicht nur in der Poesie, ist anzunehmen. In der Schreibung des End-e ist ein grosses Schwanken in den verschiedenen Hss. vorhanden — *C* ist höchst freigebig, *G* höchst sparsam —, und selbst in demselben Texte ist eine Schreibweise nicht consequent durchgeführt. Die Schreiber waren offenbar das End-e nicht mehr zu sprechen gewohnt, obwohl sie gelegentlich die tönende Form klar anzudeuten scheinen, z. B. *of wolue* 20935.

Ich ordne die Belege nach den in Betracht kommenden grammatischen Kategorien.

I. Masculine Substantiva:

In (And in Y) ierusalem[e] aldir maste 19480,
Schepe of wolue̱ (and C), meke of felle 20935,
Þair wind to wil[*le̱*] (*god C, and G*) *fair þai fand* 24945.

II. Feminina:

Heuin ande erþe̱, (and E) sun and mone 21903,
Abowe(n þis erþe̱ a[*n*]*d bineþin* 22677,
Þat sin þe wer[*l*]*d*[*e̱*] (*it C*) *first bigan* 22734, 22806,
Þan man þe son[*e̱*] *bem to scher* 23470.
Als hate and cald[*e̱*], (*and C*) *rain and wind* 23667.

Von diesen Versen zeigen 20935, 21903 und 23667, vielleicht auch 22677, rhetorischen Ausfall der Senkung.

III. Starke Adjectiva:
Of þingis serę (fra G) þair naturis 22147,
Al sal haf rihtę limes þarc 22839,
Hou he dos allę þing to nait 22883,
Als his suetę wille (al C, willis [F] it G) wesse 20086.

IV. Schwache Adjectiva:
Þat es þat ilkę time to saic 19831, u. ähnlich: 21887, 2353, 81, 948, 3475,
And þris þis ilkę stewin talde 19879, 21660,
Out of þe (þe f. E) hardę tre to spring 22878.

V. Zahlwort:
Þat com was (w. f. X) baþe dern and hide 22739 (zweifelhaft und vielleicht rhetorisch).

VI. Adverbien:
And aþis þen[nę] (a. þ. | archidenis C) þai þaim made 19395,
It sal be welę wer þan þis 22476.

VII. Praeterita Sgl.:
And kneland bisoʒtę (soʒht C) god (iesu G) of (of his C) grace 19786.

VIII. Praet. Plur. und Infinitiva:
Hierüber ist nichts Sicheres zu sagen, weil für blosses End-e immer -en gestanden haben kann. Weil aber gewöhnlich e und nur in E oft en geschrieben ist, führe ich auch diese Belege an:
Min awin þat aʒtę me to luuen 20077,
I sal bitechin þe (nu F G) a fere 20098,
God for to seruin (þar G) he hir dide 20112,
He salle him scawin (s. | son al C) in þa daiis 22272,
Þat dome sal dem[ę] of al þing 22530,
Þat tai se bow[ę] til al þing 22666,
For to hid[ę] þaim (þan G) þar-in 22696,

If þou wil wit[e] (hu C oȝt F) of þair eldis 22814,
Ai sal tai brin[ne] (al C) þar for þar 23274.

B. Fehlende Senkung ausserhalb des Auftaktes und der Caesur ist äusserst selten sicher und dann stets mit Hervorhebung des vorangehenden Wortes:
Saul saul þou (Saul saul E) sai me nu 19619,
þe bodi of clemens luis tuai 21756,
On gain þe lele in þrin wise 22174,
þan sale fra norþe a folc ris 22330,
þat mihti god, þat al waldes 22874.

Im v. 19619 ist die Lesart *saule* von C und F, welche sonst oft rhetorische Unregelmässigkeiten beseitigen, besonders unglücklich, denn mit der Ergänzung der fehlenden Senkung kam eine überflüssige Silbe nach der zweiten Hebung hinein. In den meisten andern Fällen mag die lateinische Form *saulus*, neben der volksthümlichen Form *saul*, am Platze sein. Vgl. für die Form *saulus* Vv. 19463, 19497, 19603, 19619, 19643, 19684, 19705; für die ähnliche Form *paulus* 22237, 22612; für die Form *saul, paul* 22219.

Annahme von facultativ tönendem End-e heilt wieder die folgenden meist ganz unrhetorischen Fälle.

I. Masculine Substantiva:
Soone þei wente wiþ wille glad (f. E F) 19301, 20086,
If fader saw his (aun G) son[e] þare 23333.

II. Feminina:
And signis dune on erþe lawe 18990, ähnlich 20100, 2450,
    99, 573, 655,
To be wiþ þe in helle pine 19577, 21835, 3187, 99,
Of troupe spelland wiþoutin spare (?) 20905,
For quen he firste þe werlde wroȝt 21853, 2668, 76, 3273,
Wit speche sal al þing þaim men 22581,
þat he in erþe is croice bar 22732,
Sal brihter þan þe son[e] be 23402.

Für *þe sawel als has als fele* 23376 ist *þe saule alsua* oder *alse* zu lesen.

III. Neutra:

Tel tende parte of hir louing 20028, 2764,
þin eye (eien FG) up þe lift to se 23383,
þat suld we hald in herte stabil 23858.

IV. Starke Adjectiva:

For he was hir as (ful FG) treu[e] fere 20134,
And gret her wiþ a milde steuin 20144,
And pinid wiþ ful harde paine 21111, 2681,
Sua riche na sua fair schinande 21606, 3452,
þe signe of taue in alde laiis 21711, 4763,
Wit heye note and lude steuin 22467,
Baþe land and liþe and al[e] þinges 22753, 22775,
To se (se f. E) biggingis and faire tounis 23453,
Haf neuir þi sin sa laþe ben 23495.

V. Schwache Adjectiva:

He saȝ him croisid þat ilke ture 19445,
Hu he himselue þat ilke wise 19955, 20991, 1960, 2329, 513, 731, 85, 800, 956, 58, 60, 61, 3823, 4839,
»þis ilke miȝte giuis me«, he saide 19571, 877, 78, 24797, 896, 957.

[Streng zu sondern sind natürlich *þat ilke dai* = derselbe Tag und *ilke*, *ilka dai* = jeder Tag; vgl. 19041, 51, 231, 21607, 842, 43, 77, 3821. Die Schreibweise *ilka* findet sich in *E* 21862, 2578, 2630, 3143, 266, 600, 3318. Dies *a* fehlt in *C* durchaus; in *F* 23143, 266, 2630, 3318; in *G* 23143.]

Of rising of þe laste dai 19109, 22257, 420, 23, 3928,
And hu he rase þe þridde dai 19959, 20950, 2212, 3225.
Leue sun, quat hauis þu þoȝte 20092, 94,
þe lesse folc ouircome þe mare 21724,
His firste come it was ful smeþe 21961, 2459, 3109,
þe grete kaisers and þe kingis 22127,
þe maste king of alle, it saise 22258,
þat fule folc na muþe mai mele 22333, 3787,
þe ferþe signe after þe þre 22505, 3233,
Ugli sal be þe fifte dai 22519,
þe sext[e] dai es red in rune 22531, 3241,

þi wriche hand[e] werk in wa (ae. handgeweorc) 22619,
þe twelfte signe (es C) of sorful sere 22653,
þe schene schining of crystal 23688.

VI. Zahlwort:
þate he sale þaim (þ. | þan C) baþe (þaim C) sla 22372.

VII. Adverbia:
For þan (þ. f. E) pai scailid (þaim þarin E) wide quare
  19996, 21011.
Quen sco hauid þare wel lange ben (w. f. F) 20139.

VIII. Praet. Sg.:
He saide sone to sainte iohan (?) 20101, 1834,
für He calde til him sainte Iohan 20067 kann es called geheissen haben.

IX. Praet. Plur. und Infinitiva:
þare (þai C) bad[e] þai (þ. f. C) man sulde þaim gieme 19129,
Sone to cesare (tun C, And to cesare sone G) come þai 19916,
And werrais þate þai sulde wer 22003.

[Für die Plur. Praes. wate. wen, fine 22227, 977, 3784
sind vielleicht watis, wenis, finis zu lesen. þai wen[es] þat our
lauerd driht 22977.]
To letin (oght C) at þis wickid lede 19026,
To calle men til (t. unto C) amendmente (amendement?) 19594,
Men (þat E) er sende to seke (nu G) þe 19900,
To don his pine to lastin lang 21004,
To wirkin (sum C) maisteris wiþ in hande 21670,
Allas, quat mai we (of G) saie (allas C) þanne 21892,
To hidin us (all G) fra þis felune 22196,
Himselue sal do (þen FG) to raisin him 22283,
Sale briste oute at his hindwin 22395,
Sale knele down before cristis kne 22664,
Sua halli sal tai (þan CG) risin þar 22931,
To like þe als depe in herte 23447,
For if þai oht mai witin þar 23635.

Die Fälle, wo E Infin. -en zeigt, sind oben angegeben;
in den andren Hss. findet sich en nur vereinzelt, in C: hidin
22196, raisin 22283; in F: letin 19026; G: witin 23635.

Zu bemerken ist es, dass selbst vor Vocal oder *h* Tönen des End-e nicht ausgeschlossen ist: *ierusaleme aldir* 19480, *wriche handewerk* 22619, *erpe and* 22677, *eye(n FG) up* 23383.

Dass die Fälle von wirklich fehlender Senkung und von zweisilbiger Senkung hier so selten sind, mag 1) mit dem epischen Charakter des Cursor Mundi zusammenhängen während The Harrowing of Hell dramatisch war; 2) hat Cursor Mundi mehr Zeit gehabt, den regelmässigen französischen Typus anzunehmen; 3) sind dreisilbige Wörter mit streng fallender germanischer Betonung, wie *godnesse, sibnesse*, hier durch Apocope gewöhnlich zweisilbig geworden.

§ 18. *Fehlen des Auftakts.*

Die sicheren Fälle dieser Erscheinung bilden etwas mehr als ein Zehntel der gesammten Verszahl. Durch Fehlen des Auftakts wird der Vers also nicht wesentlich gestört. Eher als irgend eine weitere Freiheit werden wir also in zweifelhaften Fällen diese annehmen müssen. Nicht alle Fälle sind rhetorisch, wohl aber die meisten.

Der Auftakt fehlt:

1) wiederholt zu Anfang eines Absatzes oder einer Rede; z. B. 19027, 45, 53, 63, 64, 85, 215.

2) Bei Aufzählungen:
Bape saint (s. f. E) petir, and sainte iohanc 19190,
Bathe in waies and in strete 19275,
Steuin and philip, nichdnor 19389,
Thimon, meniam, nichanore 19390,
Petir and iacob and saint Johan 19494.

3) Wenn der Vers mit einem emphatischen Worte oder Ausruf beginnt; z. B.
Raisid sua wiþ godis miʒte 19005,
Mani seke unto þaim soʒte 19273,
Ofte to giu hauis it ben talde 19347,
Cristis blis þai luuid sa wele 19371,
Godis worde wex faste and grewe 19399,

Wroȝte he forwiþ folkis siȝte 19406,
Sone þai wente haue steuin felde 19410,
Vp he lifte eien his 19437,
»*La(ue)rd*«, *he saide,* »*to þe ihesu* 19471,
»*Saul, Saul, sai me nu* 19619.

4) Wenn er eine plötzliche Bewegung zum Ausdruck bringt:
þanne biganne to stire þat stede 19210,
Vp þare ras to striue him wiþ 19407,
Faste þai rase wiþoutin aw 19478;

5) oder etwas Ueberraschendes:
Sende þaim was an angel briȝte 19298,
Nouþir he braste ne barre ne bande 19306,
Quat-kin strenþis it mai do! 19364,
Siþin he was apostil pawil 19466;

6) oder eine Gemüthserregung:
At þair talking þaim teind sare (?) 19119,
þan bigan þai wrenke and wraiste
And for tene þair teþþe to gnaiste 19353/4,
þai bigan to gnaiste wiþ toþe 19434.

7) Wenn er eine Zusammenfassung enthält:
þis folc quen þai þis man hauid sen,
þai wonderit on him al bidene,
þá þat fórwiþ háuid knawin him 19083,
Al þai wáre of á comúne 19118;

8) oder die Hauptsache:
In þe name of ure ihesu 19018,
For to bid his almus þare 19052,
In quas name þat it was done 19142,
For to make tuin folkis ane 19156,
þat of hele mai giue man blis 19161,
Of þe nam of ihesu spelle 19187,
»*Ic*«, *he saide his wiue, ande þu*
Hereto sal we mac a wou« 19221/2.

9) Gerne werden zwei wichtige Verse zusammen durch Auftaktlosigkeit ausgezeichnet: 19051/2, 221/2, 353/4, 407/8, 17/8.

E ist gleichgültig gegen den Auftakt, vgl. 19192, 205, 26, 65, 348, 483; andrerseits hat *C* eine Neigung, Auftaktlosigkeit zu beseitigen: 19018, 36, 46, 67, 347.

§ 19. *Apokope.*

Wie oben gesagt, werden das End-*e* und die Endung -*en* der Infinitiva und Praeterita Pluralis, aber nicht der starken Participia, gewöhnlich apokopiert. ´Ferner werden das *e* und *a* des bestimmten Artikels vor vocalisch anlautendem Worte immer apokopiert, z. B. *þapostlis* 19041, 20105, *þachesun* 19905, *þ(c) upsteich* 20831. Apokope erfährt sonst nur *ne* in *nis* 19671 u. a., und zwar auch, wenn dieses Wörtchen sich einem vorhergehenden vocalisch auslautenden Wort anlehnt: *þat us es reft and we ne wat how* 22624; ähnlich 20808, 3145, 4750 u. a.

§ 20. *Synkope.*

a) Nach dem Hauptton:

I. Endung -*es* (-*is*). Die Formen der Nomina auf *es* (*is*) weisen auf die alte *o*-Declination zurück. Die andren Declinationen des Ae. sind fast vollständig verschwunden, und ihre Wörter sowohl als alle Fremdwörter, bilden den Genitiv Singularis und den Plural wie die ursprünglich masc. *o*-Stämme. Die zweite und dritte Person des Singulars und der ganze Plural des Praes. Ind. vom Verbum gehen auch auf *es* (*is*) aus.

Diese Endung wird verhältnismässig selten synkopiert. Wichtig ist nur:

α) dass sie auch nach ursprünglich langer Silbe synkopiert werden kann, z. B. bei den Verbis *tellịs* 19050, 22442, *sendịs* 21879, *callịs* 22058, *umlukẹs* 22705, *lahis* 23647, *herịs* 23943; bei den Nominibus *quilịs* 19176, 803, 91 (vgl. aber *quil* 20884, 3223, 4855), *fellẹs* 22534, *cristịs* (?) 22664, *saintịs* 23582, *erlịs* 24821;

β) dass Synkope nach einem Accentvocal, obgleich gewöhnlich, durchaus nicht obligatorisch ist: vgl. *iuwis* 19201, 308, u. ö., *waies* 19275, *kneis* 19469, *rewis* 20074, 809, *daiis* 20834,

1918, 9, 2428, *seis* 20952, 1049, *liis* 21072, 125, *treis* 21745, 2144, *lawis* 22335, u. a.

Eine solche Flexionssilbe reicht im Cursor Mundi zum Reim nicht aus, daher ist Taktumstellung zu empfehlen in *scalis* 19691, *godis* 19523, *wenis* 22980, *giftes* 24809 (vgl. § 21 IV, 22).

Verschmelzung: *þat is* 22096 u. ö., *tu es* 19926, freilich ohne handschriftlichen Beweis.

II. Endung *-en*. Ueber das *-en* des Infinitivums und des Plurals beim Verbum ist bei der steten Möglichkeit, es mit einem einfachen End-e tönend oder stumm zu vertauschen, auf sichere Ergebnisse nicht zu hoffen. Bei den starken Participien ist aber *-en* selbst nach Nasalis fest.

α) Nach einem Accentvocal wird e im Particip immer synkopiert: *sla(i)ne* 19337, reimt auf *ogain* 20955, auf *ane* 19481, 22164, auf *stan* 22410, auf *onan* 24776. Das wird auch durch gelegentliche Schreibweise ohne e in allen Hss. bewiesen: *knaun* 19101, 21753, 2045; *scaun* 19389; *draun* 19890, 20061, 1679, 754. Nach dem Rhythmus ist nur *knaun* vielleicht zweisilbig; vgl. 19083, 814.

β) Die Verba mit ursprünglich kurzsilbiger, auf *r* auslautender Wurzel synkopieren gerne das e der Endung: vgl. *born* 18996, 21722, 2080, 471, 4771; im Versauslaut *sworn* 18995, *lorne* 21721, 2079, *schorn* 22935.

γ) Sonst finden wir nur die folgenden sicheren Fälle: *comin* 19934, 22222; *chosin* 20865, 22833; *getin* 24899, 24757. *r* konnte eben mit dem folgenden *n* in eine besonders enge Verbindung eintreten. Nach andern Consonanten pflegt die Endung *-en* weder in der me. Schreibung ihr e zu verlieren, noch in der heutigen engl. Aussprache den silbenbildenden Charakter ihres *n* ganz einzubüssen. Ich nehme daher, wenn Vocal darauf folgt, lieber Verschleifung in der Senkung als Synkope an.

δ) Die ursprünglich schwachen Nomina sind fast durchaus in die masc. o-Declination übergetreten. Plural auf *-en* findet sich nur bei *eien*, und zwar einmal ohne (19647), einmal aber (19691) mit Synkope.

III. Endung -*ed*.

α) Bei den ursprünglich kurzsilbigen Verben der schwachen I. Classe (wenige Fälle) ist Synkope und Nichtsynkope möglich; vgl. Praet.: *dwelit* 19989, u. Partic. *brint* 22921. Die schon im Ae. synkopierten bleiben regelmässig ohne Mittelvocal; es sind dies die ursprünglich lang- und mehrsilbigen Verba dieser Classe. Doch haben nach Art der kurzsilbigen und der II. Classe *ed* angenommen die Praeterita Indicativ: *tenid* 19119; *menid* 19360; *demid* 19456, 20888; *blenkid* 19731; *nickid* 19773; *mengid* 19710; *cepid* 20108, 33; *helid* 20961; *þirstid* 23085. Die synkopierten Formen herrschen auch bei den Participien; zweisilbig sind nur: *demed* 19094, 23000 (neben *demd* 21965, 3017, 54); *smirled* 19988 (*smirlęd* 19985); *þrallid* 20020; *stanid* 20981; *wemmid* 22823 (*wemmįd* 19504); *clengid* 23022, 662.

β) Die Praeterita und Participia der II. Classe sind in der Regel (selbst nach Accentvocal, vgl. *scauid* 19145, 777 u. a.) noch zweisilbig. Mit und ohne Synkope erscheinen die Praeterita *turnid* (ae. *turnian*? 19030, 21052, 788, *turnįd* 19785, 20062), *louid* (19361, 23336, *louįd* 19371, 20114), *liftid* (19437, *lifte* 19207), *sperid* (22058, *sperd* 22330); das Participium *turnid* (21817, 2148, 4844 *turnįd* 22829). Immer synkopiert sind das sehr häufig gebrauchte Verbum *calde* 19185, 761, das Praeteritum *lokįd* 28861 (weniger sicher in der Caesur 19841) und die Participia *curste* 19202; *þrette* 19328, 718; *stund* 19613; *scawid* 23194 (Praet. nie synkopiert); *loucd* 23884 (s. oben); *heuedid* 20990 kann mit Taktumstellung gelesen werden.

γ) Die aus dem Französischen entlehnten Verba bilden die betreffenden Formen auch mit *ed*. Synkopiert sind nur *purvaide* 19419, 23406; *prechęd* 20827 (neben *preched* 19598, 750); *paste* 22062 u. ä.; vielleicht *cried* 21657, 4860. Nach Vocal ist Synkope nicht obligatorisch, vgl. *praied* 19543 u. a.

δ) Entlehnungen aus dem Nordischen sind selten: *skailid* nicht synkopiert 19505, 8, 22304; *deięd* 19767, 20042, 828, 2820; *raisįd* 19002, 153, 21053, neben *raisid* 19005, 792 u. ö.

ε) Neubildungen sind die nicht synkopierten: *stangit* 21688; *helpid* 21714 und das zweifelhafte *bund* 19132, 22771.

IV. Accentvocal + *k* oder *v* + Flexionsvocal verliert durch Synkope *k*, resp. *v* mit dem Flexionsvocal: immer in *ma(ki)s* 22012, 3129, 841; *made*, *ma(ke)d* 19223, 21741, 96, reimend auf *hade* 20942; in *ta(ki)s* 22844; *ta(ke)n* 19540, 21726, reimend auf *albane* 21110, auf *an* 23882 (die Schreibweise *takin* findet sich nur einmal in allen Hss.: 19127); häufig in *gi(ui)s* 20058, 1628, 3294, 614; *gi(ui)n* 19008, 20873, 1897. Solch stark durchgeführte Synkope ist bekanntlich für den nördlichen Dialekt charakteristisch; stetes *ha(ui)s*, *ha(ue)d* (im Harrowing noch *heued*) für die Zeit nach Mitte des XIII. Jahrhunderts.

V. Accentvocal + *þ* oder *v* + Suffixvocal verliert *þ*, resp. *v* mit dem Suffixvocal: oft in *si(þi)n* (häufig *sin* geschrieben) 20010, 850, 928, 87, 1064; *þe(þi)n* 19769; *que(þi)r* 19896, 422, 22167, 443, 3014, 8, nur einmal nicht synkopiert 19191; *la(ue)rd*, *lord* 19195, 21669, 80, 2046, 590; *leuedi* 20850 u. a.; und fast immer *he(ui)d* 22100, 229, 3316; *ne(ue)r*, *e(ue)r*, z. B. 23177, nur zweimal nicht synkopiert 21856, 3632; immer in *o(ue)r* 20983, 2291. Wieder tritt der jüngere Charakter des Cursor Munndi hervor.

VI. Synkope einer nebentonfähigen Silbe, welche unmittelbar auf Hauptaccent folgt, findet sich in: *sawil* 19029, 102; *awin* (*aun*) 20069, 2403, 3516 u. ö.; *io(ha)n* 20133 (reimt auf *onon* 19190, 542, auf *apon* 19494, 23202, auf *wan* 22055, vgl. aber im Versinnern *iohan* 21009, 1019), *rewil* 22000; *elles* 22408, sonst immer zweisilbig (*þoru* stets, nur einmal zweisilbig 21103?).

b) Wenn auf die Accentsilbe unmittelbar eine nebentonige Silbe und dann eine mit Flexions-e folgt, so wird entweder die zweite oder die dritte synkopiert: *la(ue)rdingis* 19311; *dekanes* 19482; *tak(e)nis* 21861; *godspelles* 21864; *suff(e)rid* 21913; *derelinges* 22213; *kinrikis* 22228; *list(e)nis* 24733; und im Versauslaut *maistris* auf *circumsise* 22298. Wenn aber die nebentonige Silbe durch eine unbetonte vom Hauptaccent getrennt ist, daher die Hebung trägt, scheint ein darauf folgendes Flexions-e nicht synkopiert zu werden: *démistéris* 22604; *félauschipes* 23097. Zu derselben Regel stimmt *folewede* im Harrowing of Hell (oben § 7); vgl. aber ten Brink §§ 257, 258, der im letzteren Fall facultative Synkope annimmt.

c) Französische Wörter können ihren Zwischenvocal verlieren oder behalten: *parlesie* (*palsie*) 19048, 752, 20886, 957; *amendement* 19594; *emperice* 20801; dagegen *fundement* 21739; *iugement* 22986; ebenso *Bethl*(*eh*)*em* 22088. Synkope eines Mittelvocals bei germanischen Wörtern findet sich in *gadering : king* 22344, *evening* 23392 und *witering* 23510.

d) Vortonige Silbe fiel immer ab in *J*(*eh*)*osephat* 22969, 74, 85 und *Jursalem* 19492, 600, 610.

§ 21. *Verschleifung.*

a) In der Senkung.

I. Wegen der ausgebreiteten Apokope ist Verschleifung zweier Senkungsvocale selten. Es finden sich: *þai anoþir* 23565, *ne uncertainer* 23733; und die folgenden Fälle, wo auch Verschleifung auf der Hebung möglich wäre: *mani a* 20002, *bodi of* 21756, *soru ai* 23309; und die noch weniger sicheren Fälle in der Caesur: *bodi es* 21104, *peni it* 22328, *soru and* 23155, *born us* 23792.

II. Findet sich Liquida im Wortauslaut nach Natura- oder positionslanger Accentsilbe gefolgt von konsonantischer Senkungssilbe, z. B. *under þat*, so ist wohl wie im Ne. zweisilbige Senkung vorhanden und zwar mit rhetorischer Kraft. Nur wenn vocalischer Anlaut folgt, nehme ich Verschleifung an: α) zwischen der III. und IV. Hebung: *risin es* 19003, *angel of heuin* 20130, *better attende* 21803, *siluir and gold* 22178, *cruel and kene* 22579, *lokin again* 22659, *pouer awai* 23144, *getin and born* 24754; β) zwischen der I. und II. Hebung: *Abraham and* 19090, *maister of lare* 19679, *takin of croice* 21758, *irin or fire* 22207, *hungir and þrist* 23163. Freilich könnte hier auch leicht Taktumstellung stehen in: *Peter and Johane* 19045, *Comin of þe kinde* 20938, *under a tyrand* 21001, *hunger and qualme* 21873, *bettir es leue* 21953, *getin in sin* 22033, *childer in moders wombe* 22465, *blacken it sal* 22513, *under a fell* 22688, *siluer and gold* 22773; γ) auf der Caesur, wo auch zweisilbige Senkung möglich wäre: *sculder on* 19277, *peter a* 19989, *leuer him* 21909, *comin al* 22301, *numbir it* 22334, *fundin ik* 22700, *bundin under* 23748, *striven ai* 24855.

III. Verschleifung auf der Hebung würde ich nach ne. Art vorziehen in den folgenden Fällen: α) zwischen der III. und IV. Hebung: *VIj and IX* 20832, *cosin of criste* 21118, *mikil ur wil* 21897, *pouer and leuin* 22693, *heuin he stehe* 22723, *water and stern* 23587; β) zwischen der I. und der II. Hebung: *heuin on heie* 18989, *breþir he saide* 18993, *sikerer ai* 19370, *fader and he* 19442, *mikil it es* 22460; daneben wäre Taktumstellung möglich, obwohl, wie mir scheint, nicht unbedingt zu bevorzugen, in: *Steuin and philip* 19389, *Mikil he lernid* 19654, *Water at baptim* 19976, *luuer of lauerd* 20870, *heuin and erþe* 21903, *þoner of loft* 22143, *euin elike* 22533; γ) auf der Caesur: *breþir ic* 19009, *mikil als* 19596, *moder he* 22023, *oþir alsua* 22098, *gedir it* 22923, *þider als* 23523.

b) **Auf der Hebung:**

I. Sichere Beispiele dieser Erscheinung sind: *philip* 19536, *couerid* 19644, *toþir* 19884, *fader* 19963, *honurand* 21046, *miraclis* 21637, *neddir* 21687, *mikil* 21896, *heuin* 22663, *folu* 22748, *catil* 23272, *seuend* 23245, *oþir* 23459, *couerance* 23722, *soruful* 22430, 545, 755 und *sorufulnes* 22560 (? X und G haben *sarful* und *sarfulnes*; von ae. *sár*?). *I* und *u* blieben natürlich kurz; die übrigen Vocale sind offenbar durch das („schwere") Suffix gekürzt oder, wenn in offener Silbe, kurz erhalten worden.

Auf der Caesur ziehe ich Verschleifung auf der Hebung auch entschieden der Annahme zweisilbiger Senkung vor: *oþer* 19160, *meraclis* 19405, *spirite* 19415, *Steuin* 19477, *steuin* 19616, *prisuning* 19667, *medecine* 21733, *elemens* 21756, *suffir* 21827, *anoþir* 22313, *chanel* 22563, *couenand* 23062, *deuil* 23165, *bodi* 23421, *seuin* 23477, *soru* 23648, *folu* 23868.

III) Im Reim fehlt jeder Beweis, ob Verschleifung anzusetzen ist, da der Ausgang klingend sein kann.

IV) Verschleifung, wie auf der Hebung, findet sich zuweilen in der ersten Senkung, d. h. im Auftakt. Es ist hier also wirkliche Umstellung des Taktes anzunehmen wie im Ne. und nicht bloss das, was im streng deutschen Sinne schwebende Betonung heisst:

P͡riuilege of signe forþi he bare 19284.

§ 22.
Schwebende Betonung.

Im Me. sind französische Wörter allmählich dem germanischen Betonungsgesetz unterworfen worden; denn 1) ihre erste Silbe kann allitericren; und 2) die im Französischen betonten Silben erfahren allmählich Schwächung. Ob der Rhythmus noch ein 3. Beweismittel bietet, wie im Harrowing, ist erst aus der Versbetonung germanischer Wörter zu erforschen.

a) Germanische Wörter.

In ihrer metrischen Betonung trat mit dem massenweisen Eindringen des französischen Elements eine Erschlaffung ein.

1) Durch den Endreim bewiesen sind die folgenden schwebenden Betonungen, die aber verhältnissmässig noch immer seltener sind als im Harrowing of Hell.

α) Bildungssilben:

standánde 19439	*eránde* 19894	*scinánde* 21606
lastánde 21650 u. o.	*lendánde* 22053	*liuánd* 22823
secande 22901	*stinkand* 23109	*fleand* 23472
stirand 23590	*cleping* 19766	*ending* 20011
louing 20028	*coming* 21880 u. o.	*takning* 21960
warning 21879	*schawing* 22052	*chosling* 22155
spelling 22315	*gadering* 22344	*liking* 23429 u. a.
sanking 23450	*ferlie* 19521	*maidan* 19760 u. a.
drihtin 20831 u. a.	*caiser* 20869 u. a.	*warniste* 21855

titeste 22129	*hardeste* 22208	*felawes* 22778
baner 22764	*strensip* 23377	*worscip* 23378
sweftnes 23412	*moneþ* 24812	

3) Nominalcomposita:

richtwise 19106 u. a.	*forþing* 19125	*husbande* 19256
liuelate 19885	*leuedi* 20040 u. a.	*womman* 20102 u. a.
twenti 20058	*mankin* 20828	*grundwall* 20863
torfere 20965	*manhede* 20998	*mondee* 21611
gospellis 21864	*godhede* 22072	*fiftene* 22430
licam 22804 u. a.	*fairhed* 22837 u. a.	*sumquar* 22889
hindwin 23395	*wanspred* 23708	*warlaw* 23747.
nutschall 23828		

Aus diesen Reimen geht hervor, dass der Versaccent im Cursor Mundi nicht bloss auf dem zweiten Nominalcompositionsbestandtheil oder auf positionslanger Bildungssilbe ruhen kann, wie im Harrowing, sondern auch auf kurzer Bildungssilbe, aber noch nicht auf (synkopierbarer) Flexionssilbe. Wahrscheinlich gilt diese Regel auch fürs Versinnere. Der Rhythmus kann dies bestätigen und thut es auch mit grosser Sicherheit, denn ohne schwebende Betonung in diesem Umfang würden sehr grosse Störungen erscheinen.

Folgende Fälle finden sich:

Auf der III. Hebung:

a) Bildungssilben:

typand 19318	*sekande* 19499	*walcande* 19506 u. a.
heldand 19805	*wepand* 20871	*schinand* 22763
rinnand 24897	*efter* 19823 u. a.	*under* 20987
fairer 22950	*worþi* 20917	*formast* 20936
blindnes 20957	*mani* 21601 u. a.	*maidin* 22026
flessli 22804	*gresli* 23620	*frendschip* 23637
seldin 23831		

b) Nominalcomposita:

selcuþe 19311	*kinric* 20869	*woman* 22341
raynbow 22639	*answer* 22914	*leuedi* 23935.

Auf der II. Hebung:

a) Bildungssilben:

asking 19146	*takning* 19315	*preching* 19656
bisning 21718	*geting* 22035 u. a.	*regning* 22263
corsing 23113	*under* 19387	*witnes* 19457
ferli 20083	*hungri* 20121 u. a.	*tempil* 20145
criplis 20885	*liknes* 21737	*taknis* 21861
falland 21941	*lastand* 23246	*tipand* 24786
pretened 22671	*scenscip* 23245	*worscip* 23579 u. ö.
cristin 24912		

b) Nominalcomposita:

namlike 19449	*sumdel* 19724	*mankind* 19932 u. a.
leuedi 20147 u. a.	*upsteich* 20831	*kinrikis* 22228 u. a.
faurteend 22689	*anlépi* 23576	*bodword* 24935.

Auf der I. Hebung:

a) Bildungssilben:

arli 19041	*gladli* 19906	*ferli* 21761
brapeli 22145	*ugli* 22519	*lauerdingis* 19311
cristin 19763	*after* 20831 u. a.	*under* 21654
heier 22287	*harder* 23240	*nitande* 20871
pankande 21902	*gretand* 22473	*gernand* 23680
formast 21006	*wasting* 23850	*worsip* 23583.

b) Nominalcomposita:

woman 19251 u. a.	*blindfelde* 19615	*leuedi* 20836 u. a.
fredom 23374	*wisdom* 23482.	

Auffallend ist es dabei, dass so viele Fälle im Versinnern vorkommen, während The Harrowing of Hell viele im Versausgang, aber keinen sicheren Fall im Versinnern zeigt. Der Dichter des Harrowing of Hell hat sich, wie oben gesagt, offenbar schwebende Betonung nur erlaubt, um sich die Schwierigkeit, Reime zu finden, zu erleichtern; ein Bestreben, das auch der unsere verräth, indem er auf der vierten Hebung mehr schwebende Betonungen hat als auf irgend einer vorhergehenden. Aber zugleich ist eine wachsende Neigung zum silbenzählenden Princip der Franzosen auch im Versinnern unverkennbar. Die erste Hebung, sowie die nach der Caesur, weisen nicht mehr Fälle auf als die beiden andern. Es ist daher zweifelhaft, ob Taktumstellung gerade auf jene beschränkt sein soll.

Auch die Alliteration spricht mehr für die ne. Art, beim Widerspruch von Wort- und Versaccent durchaus dem ersteren zu folgen. Denn oft verstärkt sie noch die Wurzelsilbe, während der Versictus auf die nebentonige fallen muss. So

auf der III. Hebung:
Þai held it baÞe scendscip and scame 19448,
Clenging (Clensid E, Clengid C) in godis forsichte in fai 19874,
He sal come reÞe raisand (raisid E) in pride 21984,
Þe winde to don ruchli to rise 22151,
Þir sal haf weldnes of wale 23641,
Þat I ne sal find wissing of wale 24750.

Auf der II. Hebung (vgl. § 16).
At Þair talking Þaim tenid sare 19119,
And (al E) Þat treuli til him wil tente 19350,
For Þis meting Þat I wiÞ met 19939,
Of trouÞe spelland wiÞoutin spare 20905.
Aehnlich 20000, 21, 1102, 1621, 2114, 667, 937 u. 3242.

Auf der I. Hebung:
Louand ar lauerd Þan he lepe 19078,
Spedlic Þai spellid godis worde 19214,
StiÞli Þair wickedhed to ster 23276,
Liking Þu sal haue sa to like 23429,
Frendscip Þar es witoutin fad 23513.

Verston auf vortoniger Silbe begegnet in der ersten Hebung:
Þan bicom cristin al Þat tune 19795,
To bileue al his werdis winne 22200,
Sal bicom red als ani blod 22497.

Doch vereinzelt auch sonst:
Þat gie it dide giur unwitand 19100,
For qui it semis al again (gain?) kinde 22790,

þe v. (*ligft G*) *es undemenes* (*heuenis F*) *of* (o. f. C) *dint* 23235,
Sal be of wriches mistrouand 23110,
And clepi(n) (*calle F*) *him selue god almiʒtie* 21994.

Flexionssilbe ist unfähig, die Hebung zu tragen; ebenso Zwischenvocal. Betonungen wie *lauédi*, *gathéring* kommen nicht vor ausser in Eigennamen: *antichrist* 22217, *cornéli* 19927, 36, *moýses* 21692, 767. Dagegen kann der zweite Bestandtheil eines Nominalcompositums den Verston tragen: *riʒtwisnes* 19583, *gospéllers* 21120, *anlépi* 23576, *selcúþeli* 24800.

b) Französische Wörter.

Die rhythmischen Verhältnisse des Cursor Mundi verrathen uns nach dem Gesagten nur, auf welchen Silben der Nebenton ruhen kann. Sie bieten daher für die französischen Wörter, die ja auch bei germanischer Betonung auf der alten Accentsilbe einen Nebenton sich bewahren, keine verlässliche Auskunft.

Eher spricht oft die Alliteration, besonders wenn sie mit dem Verston zusammenfällt, für germanische Betonungsweise.

Oft i was wiþ malis met 23161,
Nine paines principal es tar 23207,
Seldin cum we sarmun ner 23829,
In eldern men ur mirur se 23867,
Qua can us of þaim consail ken 19178,
Mani miraclis grete (g. f. E.) *of miʒte* 19405,
And mad þaim of his bunte balde 19728,
Es nan þate sua in foli fallis 20805,
Of perdun for to serue hir parte 21614,
Miraclis of þe croicis michte 21637,
Hauis ben in semblance and in siʒte 21638,
Unto þe batail he it bare 21709,
Be wicke and fals and felun lorne 22080,
þan sale þat trature set his trone 22122,
Wiþ pouste flurist mast of pride 22230,
Fair in facune for to seie 22322,
Haf merci of us for þi miʒte 22586,
Nou I sal te resun rede 22865,

c) Schwebende Betonung syntaktischer Art kann man es nennen, wenn ein Wort mit starkem Satzaccent in die Senkung fällt:

I) Ein Hilfszeitwort kann auf der Hebung und das Hauptverbum in der Senkung stehen:
þat petir moȝte witte quat sco were 19779,
Was sette undir þemperure 19808,
þatte walde tru in his hali name 19969.

II) Das demonstrative oder indefinitive Pronomen steht auf der Hebung, das Nomen in der Senkung:
Of sum men was sco calde dorcha 19761,
For þat time hauid he hungir gret 19834.
Aehnlich 19657, 661, 880, 92.

III) Betonte Adverbien fallen zuweilen in die Senkung:
»*Rise up, gange, þe tun es nere* 19639,
Blinde he ras up als he moȝte 19645,
To cristin men sone wa he cuþe 19697.

Durch das Zusammenfallen von *oute* und *in* wird der Gegensatz schärfer hervorgehoben in
þai þut war oute, in did he calle 19793.

IV) Partikeln stehen auf der Hebung:
Be noȝte rad (v. f. E, adred F) he saide corneli 19813.

V) Alliterierende Formeln brauchen nicht den Verston zu tragen: *king ánd kaisér* 19676; und selbst der bestimmte und unbestimmte Artikel und die Copula können ihn tragen: *þá men þát* 19565, *á man mái baptise* 19550, 67, *nede és inóch* 19589, was wieder für Taktumstellung spricht.

Selbstverständlich kann hier wieder eine Präposition die Hebung tragen, während das regierte Nomen oder Pronomen in der Senkung steht; z. B.:
Calde til him tua men and a knite 19824.

§ 23. *Alliteration.*

Die Hebungen, worauf die Alliteration ruht, finden sich auch hier an den verschiedensten Stellen des Verses.

Auf der I. und II. Hebung: 120 mal. Dazu kommt ein Fall mit umgekehrtem erstem Takt: 19214.
Auf der I. und III. Hebung: 60 mal, und mit umgekehrtem erstem Takt: 20849, 2755.
Auf der I. und IV. Hebung: 98 mal, und mit umgekehrtem erstem Takt: 19350, 22325, 3165, 276, 513, 834, 429, 4773.
Auf der II. und III. Hebung: 86 mal.
Auf der II. und IV. Hebung: 178 mal.
Auf der III. und IV. Hebung: 231 mal, und mit umgekehrtem drittem Takt: 19271, 681, 448, 874, 22151, 3641, 4750.
Auf der I. II. und III. Hebung: 19260, 402, 5, 51, 503, 73, 619, 41, 86, 712, 902, 21786, 2070, 887, 3234, 320, 623, 694, 882, 900, und mit umgekehrtem drittem Takt: 19288.
Auf der I. II. und IV. Hebung: 21697, 2139, 64, 3108, 23, 68, 238, 45, 330, 40, 80, 410, 71, 580, 800, 97, 931, 4749, 829, 49, 16, 46, und mit umgekehrtem erstem Takt 19078, 23884.
Auf der I. III. und IV. Hebung: 19099, 178, 243, 561, 833, 949, 20004, 2141, 828, 3102, 4, 86, 511, 46, 749, 847, 22848, 4777, 847, 48, 54, mit umgekehrtem erstem Takt 22545, mit drittem 23088.
Auf der II. III. und IV. Hebung: 19162, 213, 31, 306, 93, 468, 586, 799, 820, 3, 973, 20021, 1035, 836, 52, 65, 911, 66, 2144, 2029, 653, 730, 50, 831, 3080, 299, 432, 77, 633, 754, 932, 4842, 63, 76, und mit umgekehrtem drittem Takt 21884.
Auf allen Hebungen: 21627, 3220.
Auf der I. und II., III. und IV. Hebung: 18989, 9403, 617, 20799, 870, 98, 2724, 429, 638, 72, 333, 91, 3098, 713, 4826, 911, 45.
Auf der I. und III., II. und IV. Hebung: 21033, 2798, 3802, 4806.
Auf der I. und IV., II. und III. Hebung: 23335.

Die Fälle mit nur zwei Stäben sind am beliebtesten. Stehen zwei Stäbe in einem Halbvers beisammen, so sind es sehr häufig Formeln: *barre ne band* 19306, *blenc na blam* 19599, *brapeli beft* 19614, *domis-dai* 19293, *faitful frend* 19799, *fel to fete* 19922, *fleis and felle* 19961, *frendis fele* 19927, *giue som gode* 19054, *godis grace* 19403, *haiþin hede* 19864, *heuin on heie* 18989, *lang par lengit* 19798, *lete and liste* 19707, *listis lange* 19845, *miʒt and main* 19598, *me and mine* 19618, *miʒti man* 19807, *mani man* 19154, *prince and priste* 19136, *sake and sin* 19242, *site in settis* 18997, *signis to se* 19784, *spac his spell* 19969, *stand in striue* 19561, *stir þat stede* 19210, *steelis straunge* 19299, *tan and tulde* 19224, *tiþand tulde* 19727, *treuli truid* 19528, *trouþe of trew* 19400, *wate we wel* 19346, *went pair wai* 19915, *wite it wele* 19150, *wrenke and wraiste* 19353, *wroʒte þe wai* 19373.

Stabreim in der ersten und in der zweiten Vershälfte hebt gerne einen Gegensatz oder eine Parallele hervor. Drei Stabreime in einem Verse scheinen theilweise zufällig zu sein, theilweise, wie auch die Fälle, wo alle Hebungen auf einander reimen, zu besonderer Hervorhebung der alliterierenden Wörter zu dienen. Doppelte Alliteration ist verhältnissmässig selten. Wie im Harrowing und aus demselben Grund ist die im Ae. gesetzmässige Stellung am seltensten. Am häufigsten sind die alliterierenden Silben innerhalb eines Halbverses, und zwar öfter des zweiten als des ersten, was wiederum dem fallenden Charakter des alliterierenden Verses widerspricht. Die vierte Hebung trägt Alliteration öfter als die andern, während im Ae. die vierte Hebung nur dann alliteriert, wenn die Form *ab ab* vorliegt. Der Stabreim ist also auch bei dem Dichter des Cursor Mundi nur mehr äusserlicher Schmuck.

§ 24.

Binnenreim ist sehr selten; in den ersten zweitausend Versen sind nur die folgenden Fälle nachzuweisen:
þe folc war ferde þat wiþ him ferde 19641,
Fra him i com to þe i come (?) 20151,
þat god þat ʒee haf don to me 20253.

§ 25.

Wie im **Harrowing** fällt die Caesur oft zwischen erste und zweite Hebung, zuweilen sogar zwischen Auftakt und erste Hebung, obwohl durchaus in ruhiger Weise, als hätte unser Epiker dem Pausenwechsel prosaischer Rede sich zugeneigt.

a) Zwischen der ersten und zweiten Hebung steht sie

I. bei directer Anrede:

»*Mi breþir*«, *he saide*, »*ful wel mai I* 18993,
And lauerd, forgiue þu þaim þair plizt 19473,
Rise up, gange, the tun es nere 19639.

Aehnlich 19074, 86, 120, 237, 51, 311, 471, 619, 37, 66, 86, 755, 87, 853, 62, 69, 99.

II. Bei parenthetischen Sätzen:

þis folc, quen þai þis man hauid sen 19081.

Aehnlich 19094, 173, 93, 283, 331, 51.

»*Es it*«, *he saide*, »*resune þat we* 19147, 19217, 21, 320, 9, 438, 661, 71.

III. Bei Aufzählungen:

Petir and iacob and saint Iohan 19494,
Thimon, meniam, nichanore 19389,
In breste, in schulderes and in frunte 19887.

Aehnlich 19597, 605.

IV. Zwischen Verbum und abhängigem Satz:

He wiste, þat gode til him hauid sworn 18995.

Aehnlich 19175, 223, 729, 819.

V. Um die erste Hebung hervorzuheben:

salde gie sua
Giur lande?« *þe womman sadim*, »*gia*« 251/2,
To god, þan ani man to bue 19342,
þe toþir: »*forsakis þu sathane*« 19884.

Namentlich zwischen Antecedens und Relativum:

Bot he, þat saʒ on ferrum þis 18998, 19022, 4, 37, 7, 92, 151, 8, 97, 201, 319, 50.

VI. Um einen Gegensatz zu markieren:

þai stode, bote al þair oþir fledde 19486.

VII. Um eine Ankündigung zu betonen:
þai saide, »god men quat sal we do?« 19016,
ähnlich 19057, 59, 80, 19854.

VIII. Bei gleichgeordneten Sätzen:
þai saldin, ande þe prise þai laʒte 19038.

b) Zwischen Auftakt und der ersten Hebung:

I. Bei einem Ausruf:
Lo! quare bifore þe dur þai stand 19255.

II. Zwischen Antecedens und Relativum:
Al, þat tu þar wiþ wende wel win 19241, 505.

III. Zwischen Verbum und abhängigem Satz:
Talde, hu þat tai war handlit tare 19206.

IV. Bei parenthetischen Sätzen:
þat, þoʒ þat a man mai baptise 19550.

§ 26.

Mit dem Einschnitt der Rede im Versinnern fällt meist das Enjambement zusammen, das allerdings fast nur innerhalb des Reimpaars, also in uneigentlicher Form erscheint. Seine hervorragendsten Arten sind:

a) Das Subject getrennt vom Verbum:
For þare was þat ilke dai in liuis
iij hunderit baptist men and wiuis 19031/2,
þat desseli baþe late ande are
War tendant to Ju apostlis lare 19033/4. Aehnlich 19041,
    19045, 19123, 19143, 19147, 19201, 19205, 19269,
    19403, 19407, 19417, 19463, 19481, 19513, 19657,
    19813, 19823, 19843, 19943, 19955, 19991 u. ö.

b) Das Verbum getrennt von zugehörigen
Satztheilen.

1. Das Verbum getrennt vom directen Object:
Of hali gaste þe giftis sere
Giuin us hauis he als gie se here 19007/8,
Unlaʒ it es to tel in lande
þe þing, þat we baþe herde and sawe 19196/7. Aehnlich 19251,
    19282, 19405, 19491, 19563, 19603, 19608, 19661,
    19767, 19854, 19863, 19919, 19929, 19939, 19975 u. ö.

2. Vom indirecten Object:
*To Petir and þa apostlis to
þai saide, »god men quat sal we do«* 19015/6. Aehnlich
19341, 19351, 19471, 19475 u. ö.

3. Verbum von adverbialer Nebenbestimmung:
*Of his uprise he said, »in helle
Na suld nozt criste be lefte to duel«* 18999/90. Aehnlich 19017,
19619, 19611, 19675, 19719, 19213, 19429 u. ö.

4. Hülfsverbum getrennt vom Infinitiv:
*»Mi breþir«, he saide, »ful wel mai I
Of þe prophete gin telle, daui«* 18993/4. Aehnlich 19182,
19551, 19993 u. ö.

c) Selten ist es, dass zwei ganz enggebundene Satztheile, wie etwa Nomen und attributives Adjectiv, getrennt werden. Der Dichter des Cursor Mundi hat solch unvolksthümliche Abschwächung des Rhythmus im Allgemeinen vermieden, obwohl schon nicht mehr so consequent wie der des Harrowing. Wenn er es sich vereinzelt gestattete, geschah es nicht aus reflectierenden oder künstlerischen Rücksichten, wie wir es bald bei Chaucer finden werden, sondern aus Bequemlichkeit des Reimens, wozu sich wieder eine Neigung zu prosaischer Rede gesellt haben mag; z. B.
*»Petir«, it saide, »lo! gionder þre
Men (þat E) er sende to seke þe«* 19899/900.

§ 27.

Auch der Dichter des Cursor Mundi verdient nicht den Vorwurf der Kunstlosigkeit. Er verfügt über weniger Rhetorik als der des Harrowing of Hell, schrieb aber auch kein Drama sondern ein Epos, hatte sein volksthümliches Wesen durch einen starken Einschlag von Mönchsthum abgedämpft und verräth auch keine sonderliche Individualität. Die häufige Laxheit des Rhythmus beruht auf dem Eindringen einer andern Betonungsweise, wobei auf ihn keine individuelle Schuld fällt; in dem halben Jahrhundert, das seit Entstehung des Harrowing verflossen war, hatte die französische Technik sich mächtig eingebürgert, und im Norden konnte sie um so freier durchdringen, als da eine ältere heimische Tradition kaum bestand. Synkope und Apokope sind in diesem Dialekte in mancher Hinsicht besonders ausgebildet. Schwebende Betonung würde ich wenigstens hier so auffassen wie im Ne., d. h. ich würde nach dem Wortaccent lesen, statt den Widerstreit von Wort- und Versaccent zu verwischen.

C. House of Fame.

§ 28.

F = Ms. Fairfax 16; B = Ms. Bodley 638, Bodleian Library; P = Ms. Pepys 2006, Magdalene College, Cambridge; C = Caxton's Druck ao. 1483 und T = Thynne's Druck ao. 1532. Die fünf Texte sind von F. J. Furnivall für die Chaucer Society herausgegeben. Ueber ihr Verhältniss haben H. Willert (The Hous of Fame. Einleitung und Textverhältniss, Berliner Dissertation 1883) und J. Koch (Anglia III 186 ff., IV. Anz. 102 ff., VII (2) 24 ff.) geschrieben; die beiden stimmen im Wesentlichen überein.

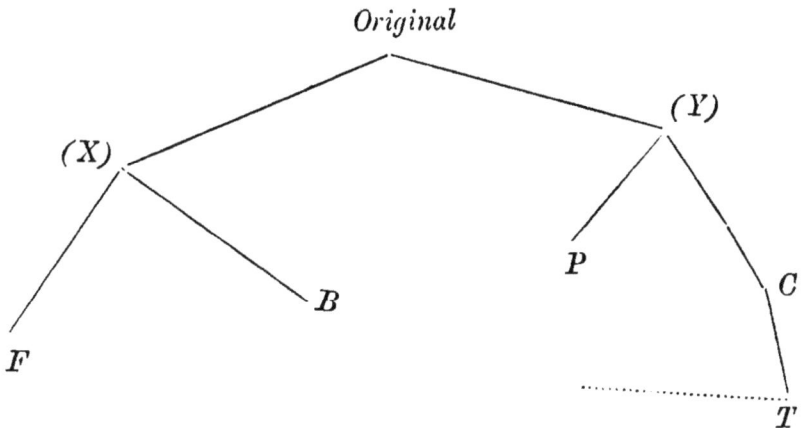

X ist die bessere Familie, F im Allgemeinen ihr besserer Vertreter, daher zur Grundlage des Textes genommen. T habe

ich nicht herangezogen, weil es nur ein Abdruck von C ist
und, wo dies Lücken aufwies, auf F beruht.

§ 29. *Klingender Ausgang*

auf andre Silben als auf End-e oder Flexionssilbe ist bei
Chaucer noch häufiger als bei dem Dichter des Cursor
Mundi, während im Harrowing of Hell, wie oben gesagt, gar kein anderer Fall vorhanden war; vgl. 11/2, 19/20,
63/4, 73/4, 5/6, 123/4, 387/8, 533/4, 35/6, 49/50, 607/8, 791/2,
805/6, 7/8, 1069/70, 97/8, 189/90, 3/4, 333/4, 49/50, 479/80,
681/2, 959/60.

§ 30. *Zweisilbige Senkung.*

Sichere Fälle sind ziemlich selten.

a) In der Caesur:
Why this affaintome, why these oracles 11,
Ffor to grete feblenesse of her brayne 24,
Wyth the nones, that thou wolt do so (V f. Y) 2099.

Taktumstellung wie im Cursor Mundi sehe ich in
Of golde stondynge in sondry stages 122.

Dagegen halte ich zwei Taktumstellungen nach einander
für unstatthaft, weil sie den Rhythmus auf der Hälfte des
Verses suspendieren würden, und lese mit zweisilbiger Senkung
Óf Decémbre the tínthe daý 111.

Die folgenden Fälle möchte ich durch die Lesart von Y
beseitigen:
With that this Egle gan (began X) to crye 991,
And which they ben (b. and X) no fors quod y 999,
Therefore is ryght that we ben (b. wel X) quyt 1614.

b) Ausser der Caesur:
Although (that P) in thy hede ful lytel is (l. *Though?*) 621,
That (whele X) sercle wol cause (w. f., causith B) another
  whele 794 *(V. f. P)*,
And thus fonde y syttynge this goddes (om. *And?*) 1415,
Of faire wyndes and eke of tempestes (om. 2. *of?*) 1967,
Of fire and of dyvers accident (om. 2. *of?*) 1976,
And thus shal hit (h. f. C) be and thus herde y seye 2053.

Sicher ist nach *Y* zu heilen:
Cloude (and erthe X) and alle that y of spake 978,
und nach *C*:
As the see of welles and (of X) sprynges 1984 *(V. f. P)*.

Aus diesen Varianten ergiebt sich bereits, dass X in metrischen Dingen oft gleichgültig ist, daher wenn regelmässig, um so mehr Glauben verdient.

c) Doppelter Auftakt ist nicht sicher erweisbar. Synkope heilt den Vers:

Parau(e)nture brode as a couercle 792.

Durch die Lesart von *P* möchte ich den doppelten Auftakt beseitigen in:

Or for speche or for (for f. *P) frendly manere* 278.

Zweisilbige Senkung tritt also gerne ein, wo der Dichter einen leichten oder humoristischen Ton anschlägt (11, 24, 621), wo er ein aktuelles Detail oder einen lebhaften Fingerzeig giebt (111, 1415?, 2053?), wo er Bewegung schildert oder von bewegten Gegenständen spricht (794, 1967?, 76?, 84?, 2099).

§ 31. *Fehlen der Senkung.*

Sichere Fälle sind etwas häufiger.

a) In der Caesur:

And sayede twyes seynt[e] Mary 573,
And faire Venus also (l. *álsò?*) 618,
A goode persuasion 872,
For wel y wolę euer yit 1897,
That thou now hider brynges 1908,
Hadde y A fotę brede of space 2042,
No quod he, telle me what 2049.

Vielleicht durch die Lesart von *Y* zu beseitigen sind:

And called me (tho Y) by my name 558,
Aboue hyt gooth yet (alway Y) under 805,
XX^{ti} foote thykke (as Y) y trowe 1335,
Me thought (that Y) she was so lyte 1369,
The same that (to C) him was tolde 2063 *(V. f. P)*.

Fälle, wo *Y* mit dem Regelmässigen sicher auch das Ursprüngliche bewahrt hat, sind ferner 391, 575, 1102, 85, 95, 570, 835, 64.

Keine Schwierigkeit macht es, *ne was* zu lesen statt *nas*, *ne wot* statt *not* 483, 1887, 2156, *more* statt *mo* 1926, *syghtes* statt *syght* 2010.

Nach der ersten Hebung begegnet nur ein unsicherer Fall: *Me lyst not (to Y) doo hyt nowe* 1821.

b) Nach der dritten Hebung:
And graunted of the tempest 220,
Was plated half a foote thikke 1345,
And in hem gret sentence 1425,
Caused of othres sterynge 800.

Nicht so sicher sind:
And ther he shulde his folke (folkes?) fynde 237,
And this fro roundel (to Y) compas 798,
Eche aboute other goynge 799,
The fame (up Y) of the Jurye (Jewerye C) 1436,
That peynted was al endlonge (l. *endelonge*?) 1458,

Fehlen der Senkung hat wieder etwas Hervorhebendes und steht nach Zahl- oder Zeitangaben, nach einer knappen Versicherung oder Verneinung in einem durch Sinn oder Reim bedeutsamen Worte.

Das Ergebniss ist, dass Chaucer nur im vollen Geleise heimischer Tradition sich bewegt, wenn er sich fehlende oder zweisilbige Senkung manchmal gestattet. Während ten Brink die Fälle dieser Art auf die schlechte Ueberlieferung schiebt (§ 299, 300), möchte ich darin eher ein wohl bewahrtes Mittel der Rhetorik sehen, freilich nur dann, wenn alle Mittel, den Vers zu glätten, versagen.

§ 32.

Fehlen des Auftakts markiert etwas weniger als 15 p. c. der Gesammtverse, ist daher in zweifelhaften Fällen viel eher als irgend eine andre metrische Freiheit anzunehmen. Nicht jeder Fall ist stilistisch bezeichnend, wohl aber die meisten:

1) besonders gerne bei Aufzählungen:
Prison stewe or grete distresse 26,
Lowde or pryvee, foule or faire 767.

Aehnlich 722, 846, 80, 918, 78, 1006, 82, 1438, 532, 1647, 75, 709, 56.

Verhältnissmässig oft werden diese Fälle mit *bothe* eingeleitet:
Booth[e] goon and also flee 934.
Aehnlich 1189, 99, 221, 30.

Auch wenn die Aufzählung durch mehrere Verse läuft, offenbar um, da der Schluss meist klingend, in die Aufzählung glatten Fluss zu bringen: 123/4, 676 ff., 859/60, 897 ff., 966/7, 1003 ff.

Eine ähnliche anknüpfende Funktion zeigt sich bei *Therefore* 1443, 80, *These* 1455, *Him* 1432; noch mehr bei Wiederholungen, um den Zusammenhang zu betonen: (3—13 —19)—35—40, (1—)58, 629—631, (730—)1—4; *Moveth* 735—811—837, 841—851, (1331—)1337.

Das Fehlen des Auftakts hat insofern ähnliche Wirkung wie das Enjambement.

II. Bei Ausrufen und Betheuerungen:
To my wytte, what causeth swevenes 3,
Turne us every dreme to goode 58,
Prey I that he wolde me spede 78,
Loo with suche a conclusion 103,
Certaynly 34, *Certeyn* 614, 726, 1881, *Certys* 1986, *Geffrey thou wost ryght wel this* 731, *Telle me* 853, *By thy trouthe* 890, *Looke* 893, *What* 1025, *Herke wel* 1030, *Peter* 1036, 2000, *For the love of god* 1060, *Haue doon Eolus* 1623, *Lady graunte us* 1610, *Blowe thy trumpes* 1718, *By my thrift* 1858, *For by Criste* 271.

III. Zu Anfang eines Absatzes oder einer Rede, wenn erregt: 468, 729, 65, 853, 1054, 320; besonders wenn die Rede mit scharfem Gegensatz anhebt: 1066, 668, 713, 45, 78, 83, 2049.

IV. Bei Einführung eines Namens, Datums oder einer Zahl, also um zu markieren:
Cresus that was kynge of Lyde 105, *Seynt Leonarde* 117, *Eneas* 217, *Cartage* 224, *Achate* 226, 399 ff., *Scipion* 514,

Ioues 631, *Hous of Fame* 663, *Watlynge strete* 939, *Orpheus* 1203, *Orion* 1205, *Glascurion* 1208,
Of Decembre the tenthe day 111,
XX^{ti} *foote thykke y trowe* 1335,
That the lengthe of a cubite 1370,
Sterres seuene 1376, *Eighte sustren* 1401.

VI. Auch wenn ein sehr grosses Mass oder etwas Ungeheuerliches erwähnt wird:
With his slepy thousande sones 75,
Many thousand tymes twelue 1216,
XX^{ti} *thousand in a route* 2119,
(That euery harme that any man)
Hath had syth the worlde began 100,
Whiche that I kan not neuene
Moo than sterres ben in heuene 1253/4,
Ne my crewel deth quod she
(May holde yow stille here with me) 323.

VII. Oder ein bedeutsames Bild:
Naked fletyng in a see 133,
Ffugityfe of Troy contree 146,
Bare the goddesse of the londe 172,
Hier stant ther non in spayne 1117,
(Pheton) lat the reynes gon
Of his hors and they anoon 952.
Aehnlich 201/2, 214/5, 227/8, 1381.

Verbunden mit Ausdrücken der Verwunderung: *Wonder* 1069, 2118, *Merveylle* 1372. In den letzten Versen, wo ein geheimnissvoller *man* erscheint, fehlt der Auftakt dreimal nach einander.

VIII. Besonders endlich, um in verwickelterem Zusammenhang eine wichtige Sache, Frage oder Antwort hervorzuheben:
Why that is an avisioun
And why this a reuelacioun 7/8,
As yf folkys complexions
Make hem dreme of reflexions 21/2.
Aehnlich 44, 342, 430, 1543, 1554/5.

Im Sprichwort 271/2.

Zusammenfassend 446, 1126/7, 1210, 1506, 2140, 469 (Rückbeziehung auf V. 120), 131 (weil Schluss der Tempelbeschreibung).

Hauptbitte 1696, 1712.

Lobgesang an die Fama 1405.

Beschreibung von Mars 1447/8.

Chaucer theilt also mit Cursor Mundi die regelmässigere Durchführung des Auftakts, während Harrowing ihn noch in germanischer Weise leichter entbehrt. Chaucer und Cursor wirken mehr durch Auslassung, Harrowing mehr durch Anbringung des Auftakts; Chaucer entschieden mehr als Cursor, weil er compliciertere Gedanken und feinere Compositionskunst besitzt.

§ 33. *Apokope.*

Im Allgemeinen ist ein End-e bei Chaucer noch hörbar, doch kann es bei ihm ebenso abfallen wie im Harrowing.

A) Nach Haupttonsilbe:

I. Nomina. α) Masc. und Neut. Das Dativ-e ist noch nicht ganz verschwunden; vgl. *slepe* 114, *golde* 127, *shippe* (gegen ten Brink § 260 ?) 420, *fere* 604, 1042, *folke* 675, 1608, *mouthe* (ae. *mūþ* und *mūþa*) 1685. Schwanken zeigt sich in *sone* (gegen ten Brink § 260) 218, aber *sonę* 160, Nom. Sg.: *stede* (ae. *stede*) ist 731 als einsilbig behandelt. β) Feminina (nach spätae. Art): *mynde* (auch Neut.) 564; *halle* 1357, 1514, 1826; dagegen einsilbig *werldę* 100, 2038 und in der Caesur *nyghtę* 112; *specchę* 766; *quene* (ae. *cwén* und *cwéne*) 1271. Apokopiert ist das End-e in: *fors* (altfr. *force*) 999, 1011; *mervayllę* 1372; *brochę* 1740. Schwankung zeigt sich in *troye* 152, neben *troyę* 146; und in der Caesur *loue* 1234, 1711, 97, neben *louę* 341, 1785, 2143; *fume* 1728, 1836, 1902, aber *famę* 1105, 1769; *noise* 1058, aber *noisę* 1931, 2141.

II. Adjectiva. Das starke Adjectivum bleibt im Singular gewöhnlich unflectiert, doch sind Spuren einer Flexion noch vorhanden in: *blyndę* 138, *longę* 303 und *largę* 482 (acc. sg. masc.);

queynt[*e*] 126 und *moche* 1358 (nom. sg. fem.); *large* 1238, *harde* 1586 und *alle* (?) 2015 (dat sg. fem.); *longe* 1287, 1484, *large* 1412 und *grete* 2141 (acc. sg. fem.). Abfall eines berechtigten End-e finden wir in *more* (*mo?*) *to tellen* 1299 und in den folgenden Pluralformen: *olde* 1442; *goode* 1558, 616, 66; *lyke* 1783 (?). Zu erwähnen ist nur noch, dass *al (alle)* vor silbenbildendem Artikel bezw. Pronomen stets einsilbig ist; vgl. *al the pies* 703, *al these three* 716.

III. Adverbia. Einsilbig geworden sind: *whan (hwonne)* 2081, 92, 149; *ryght (rihte)* 1729, 1932, 2047; *newe (neowan)* 677. Sonst sind alle regelrecht.

IV. Pronomina. Schwanken zeigt sich in: *bothe* 676, 954, neben *bothe* 803, 934, 1202 u. ö.; *selfe* 394, 1878, neben *selfe* 319, 73, 796 u. ö.; *whiche* (Plur.) 999, 1265, neben *whiche* 1253. Sonst findet sich Apokope bei der Pluralform *suche* 1827, 94; bei den Personalpronominaladjectiven *hir(e)* 137, *oure* 467, 1556, 1610 u. a., bei den letztern wohl, weil ausserhalb des Satzaccentes —. *These*, obgleich nach ten Brink § 260 β stets einsilbig, ist sicher zweisilbig in

Fynally with these thinges 2009.

V. Verba. Wir haben gesehen, dass die Nomina ihr End-e frei abstossen konnten, sonst gäbe es massenhaft zweisilbige Senkungen ohne rhetorische Berechtigung. Die Verba sind etwas conservativer: sie behalten das End-e ausgenommen:

α) Hülfsverba, wohl weil sie gewöhnlich ausserhalb des Satzaccents stehen: *haue* (Ind. Sg.) 109, (Inf.) 1794, (Imp.) 316, (Ind. Pl.) 1716, (Conj. Pl.) 41, *wil* (Pl.) 586, 886, *shal* (Pl.), 512, 1616, *may* (Pl.) 1759, 1948, *kon* (Pl.) 335, *myght* (Sg.) 1663, *mote* (Sg.) 720, 86, *shulde* (Sg.) 559, *koude* (Sg.) 945, *wolde* (Sg.) 1816, 77, *were* (Conj. Sg.) 202, 785, (Pl.) 1809. Zweisilbig erscheinen zuweilen doch die Indicativformen *hadde* und *were*: *had* (Sg.) 229 neben *hadde* 328, 32; *had* (Pl.) 1751, 1154, 1545 neben *hadde* (?) 1412; *were* 121, 238, 1350 neben *were(n)* 1194, 1323.

β) Imp. Sg. von schwachen Verben (nach Analogie der starken): *telle* 870, 2049, *sende* 1087, *sey* 1793.

γ) Conj. Sg. bei einem Wunsch, wohl als Imp. gefasst: *helpę* 700, *ycuę* 709, *sauę* 1310.

δ) Praet. Ind.: Sg. *slęptę* (*slep*, reduplic.?) 119, *wistę* 393, *feltę* 569, *betyddę* 578, *bilt* 1135, *hight* 1596, *wente* 1642, *brende* 1844; Pl. *shoonę* 1289, *quod* 1562, *wendę* 1796, *fondę* 1810.

ε) Endlich Praes. Ind. Plur.: *dremę* 84, *knowę(n)* 327.

VI) Partikeln. Zu erwähnen sind nur *before (beforan)* 1535, *but (bútan)* 1635, 2034, *sith (siþþan)* 1898, 2007, 16.

B) ten Brinks Regel § 257, dass Apokope des End-e immer nach einer nicht Hebung tragenden Silbe eintritt, ist giltig und muss giltig sein, weil das End-e eine Hebung nicht tragen kann. Kein Vers wird zu kurz durch Anwendung dieser Regel, wohl aber werden viele überlange vermieden; z. B. 11, 24, 111 u. a. Wenn aber der Nebenton vom Hauptton durch eine unbetonte Silbe getrennt ist, daher die Hebung trägt, ist Apokope facultativ: *cornemuse* 1218, *aventure* 2090, *kyndelyche* 829, und andrerseits *marvelouse* 459.

C) Apokopiert wird sonst nur das *e* des bestimmten Artikels und der Partikel *ne*, wenn vocalischer Anlaut folgt; vgl. *theffecte* 5, *thengendrynge* 968, *thengyne* 1934, *thapocalips* 1385, *nys* 1957, 2038.

§ 34. *Hiatus.*

Nur wenn End-e vorangeht, wird Hiatus gerne vermieden, d. h. ein End-e verliert vor Vocal seinen Silbenwerth. Ausnahmen sind verhältnissmässig sehr selten: α) in der Caesur: 733, 99, 1218, 414, 545, 609, 711, 892, 2041, 85; β) ausser der Caesur: 410, 1049, 133, 411, 36, 592.

§ 35. *Synkope.*

I. Nach dem Hauptton.

a) Endung -*es*. Synkope ist selten und selbst unmittelbar nach langem Accentvocal nicht obligatorisch; vgl. *pawes* 541, *clawes* 545, 54; *sawes* 676; *dayes* 695. Durch den Endreim ist Nichtsynkope des *e(s)*, das Chaucer auf *i(s)* reimt, bezeugt in *causis: cause is* 19/20, *sones: wone is* 75/6, *pouche is: nouches* 1349/50; Synkope nur einmal und zwar nach Vocal in *foos: loos* 1667/8. Sichere Fälle im Versinnern stehen meistens nach unzweifelhaft langer Silbe: *batayles* 454, *discordes* 685, *feldes* 897, *signes* (nur in *Y*) 998, *clothes* 1319, *kynnes* 1794, *werres* 1961, *restes* 1962. Nicht so sicher sind die Fälle in der Caesur: *folkes* 21, *loues* 86, *goddys* 460, *figures* 858, *colurs* 859, *hilles* 898, *gestours* 1198, *knees* 1659, 1705; *leues* 1946, *wyndes* 1967. In *workes* 1666, 1701, 1720, *folkys* 1154 kann man vielleicht die alten flexionslosen Formen annehmen; vgl. ten Brink § 206. Synkope eines adverbialen -*es* zeigt sich in *to-wardes* 196, *thens* 1038.

b) Endung -*est*. Synkope ist spärlich belegt. Sie zeigt sich immer nach Vocal in *maist* 629, 39 u. ö. und *seyst* 1839; ausserdem mit Wortverschmelzung in *herstow* 1031, 1862, neben *herest* 651. Nicht so sicher, weil in der Caesur, ist *didest* 1846.

c) Endung -*eth*. Synkopiert erscheinen nur die Verba *cometh* 72, 648, 882; *clepeth* 73, 937; *helpeth* 521, und mit vocalischem Stamm *seyth* 337, 60, 429; vgl. aber *sheweth* 830, *seweth* 840 u. a.

d) Endung -*ed*. α) Verba, deren Praeterita und Participia Praeteriti schon im Ae. Synkope zeigen, erscheinen auch hier ohne Mittelvocal. Ausnahmen finden sich nur bei den langsilbigen der I. Classe: *semed* (Ind.) 500, 907, 1525, 2157 und *lyghted* (Particip) 769, vgl. ten Brink § 165. Nichtsynkope wie im Ae. ist bei einem Particip der I. Classe durch den Reim bewiesen: *aswened-hewed* 549/50. β) Die Verba der II. Classe erscheinen mit Mittelvocal; synkopiert sind nur die Praeterita *reft* 457 (vgl. ten Brink § 173) und *loste* 436 und das Particip *loste* 183, 234. γ) Die dem Altfranzösischen entlehnten Verba folgen — mit Ausnahme von *strive* — der schwachen Conjugation. Dieselben bilden ihre Praeterita und Participia Praeteriti mit einem Mittelvocal. Synkope zeigt sich in *preyde* (auf *seyde*) 192 und *preued* 839 — daneben aber *prayed* 1815, *preued* 854, 74. δ) In Verben altnordischen Ursprungs begegnen die synkopierten Formen *deyde* (auf *seyde*) 375, *caste* 956. ε) Die mittelst der Participialendung -*ed* von Substantiven gebildeten Adjectiva werden, weil zu der II. schwachen Conjugation geschlagen, nicht synpiert: *wynged* 2118, *tynned* 1482. ζ) Das starke Verbum *laugh* ist schon schwach geworden: *lawghed* 409; eine Neubildung aus dem Substantivum *pipa* ist *piped* 785 — beide nicht synkopiert.

e) Die Endung -*en*. Da das *n* gerne Apokope erleidet, ist nicht viel Sicheres hierüber zu sagen. Synkope im Particip ist sicher in *y-slayne* (auf *certayne*) 59 und, wenigstens durch die Schreibweise in allen Hss. bewiesen, in: *borne* 59, 345, *lorne* 346, *sworne* 321 (*sworen* 2101); doch ist in diesen Fällen natürlich klingender Ausgang möglich. Synkope des *en* des Ind. Plur. findet sich sicher nur in *sayne* (auf *brayne*) 23/4.

II. Accentvocal + *k* oder *v* + Flexionsvocal verliert *k* bezw. *v* und den Flexionsvocal immer in: *made* 120, 470, 646, 91, *hast* 644, 892, *hath* 325, 731, 54, *had* 100 u. ö. Die unsynkopierte Form *makyd* erscheint einmal in X, es ist aber wohl die Lesart von Y anzunehmen: *For whom was makyd (made a Y) grete compleynt* 924.

III. Accentvocal + *þ* oder *v* + Vocal einer Bildungssilbe verliert *þ* bezw. *v* + den zweiten Vocal in: *ne(ithe)r* 588, *wh(id)er* 602, *wh(ith)er* 981, *ne(ue)r* 1127, *o(the)r* 2139; *he(ue)d* (Haupt) kommt 134 vor neben *heued* (:*asweued*) 550. Synkope ist im Gegensatz zum älteren Harrowing fester geworden, aber immer noch viel weniger ausgebildet als im nördlichen Cursor.

IV. Wenn auf die Accentsilbe unmittelbar eine nebentonige und dann eine mit Flexions-e folgt, so verschwindet entweder der zweite oder dritte Vocal: *gendres* 18, *servantes* 25, *loueres* 37, *spirites* 41, *herkeneth* 109, *keuered* 352, *listeneth* 51 u. a. Nur bei französischen Wörtern auf Flexions-*es*, wenn *ch*, *c*, *g*, *s* vorhergeht, ist Synkope unmöglich und dann die Flexionssilbe in dem Versaccent: *imagés* 472. Wenn aber

Haupt- und Nebenton durch eine unbetonte Silbe getrennt sind, ist Synkope bloss facultativ: *Júpitéres* 199, *Ariónis* 1605, *Rabewyures* 1189, *pursevantes* 1321, dagegen aber *Ymageries* 1190, *magiciens* 1260; dies stimmt mit ten Brinks Regel § 258, obgleich in den beiden andern Denkmälern Nichtsynkope die Regel ist: vgl. §§ 7 und 20.

V. Synkope eines Vocals zwischen Stamm- und Ableitungssilbe zeigt sich in *commaundement* 2021 neben *commaundement* 611. Dagegen kann ein *e* in gleicher Stelle eingeführt werden: *truely* 615, *ingelours* 1259, *kindely* 841, 52 neben *kindly* 730, 1, 4. Vielleicht ist es nur geschrieben, denn Chaucer lässt ja im Reimwort öfters eine Senkung fehlen.

§ 36. *Verschleifung.*

a) In der Senkung: *pouerte and shonde* 88, *story anon* 149, *certeynly avayleth (certain Y)* 363, *in-to hir* 366, *to endyte* 381, *in thy hede* 621, *to a place* 662, *prery or* 717, *Yf ye haue* 824. In der Caesur: *who-so of* 12, *pryvee y-spoken (spoken Y)* 810, *citee and* 1114, *lusty and (and f. Y)* 1356, *perry and* 1394, *to another* 2061. Zweisilbiger Auftakt wird so vermieden in *Be experience* 788, schwebende Betonung in *also of* 1463.

Ueber die folgenden Fälle vgl. ten Brink § 269: *table of bras* 142, *Egle of which* 529, *neyther am Enok* 588, *over al wele* 684; in der Caesur: *temple y-made* 120, *Aristotile and* 759, *Ravene or* 1004, *table of* 1278, *carbuncle ys* 1363, *sklaundre in every toun* 1580, *temple of ysidis* 1844, *medle us eche* 2102. Schwebende Betonung wäre möglich in: *Eyther on morwes* 4, *After a clappe* 1040, *After hir disposicioun* 2113.

Die folgenden Fälle können ebenso gut durch Verschleifung auf der Hebung wie in der Senkung erklärt werden: *rekerer I neuer* 354, *many a rowe* 448, 2126, *heuene I caste* 495, *in honour of him* 635, *even in myddes* 714, *body and chyn* 1230, *litil enrye* 1476; in der Caesur: *many a citezyn* 930, 2040, *heuen a sygne* 949, *litil al in* 1350, *riban and* 1318.

b) Auf der Hebung: revelacioun 8, other 799, mochil (?) 957, Ymageries 1190. In der Caesur nehme ich auch hier viel lieber Verschleifung als zweisilbige Senkung an: any 208, 855, woman 333, heuenyssh 1395, debonairly 2013. Im Versausgang ist Verschleifung nicht zu beweisen, da der Ausgang klingend sein kann: vgl. aber swerene : erene 3/4, 9/10, steuene : heuene 561/2, brother : other 795/6, 815/6, 2101/2; heuene : seuene 1007/8, holowe : swalowe 1035/6, neuene : heuene 1253/4, seuene : neuene 1437/8.

c) Verschmelzung des *ne* wie gewöhnlich: *nyl = ne wyl* 56, 1329, 1822 u. a., *not = ne wot* 12, 1886, *nyste = ne wyste* 128, 234, 548 u. a., *nas = ne was* 915, 1296, 1346 u. ö., *nost = ne wost* 1010, *nere = ne were* 1328, 1423, *nolde = ne wolde* 1780, 1816.

d) Ebenso Synizese: *avisions* (?) 48, *maliciouse* 93, *Eneas* 434, *casuelly* 679, *clarionynge* 1242, 1594, *perpetually* 1364, *Julius* 1502, *hideously* 1599; im Reim *revelacioun* 8, *melancolyouse* 30, *conclusyon* 342, *clarion* 1818, *regions* 1970.

§ 37. *Schwebende Betonung.*

I. Durch den Endreim bewiesen sind die folgenden schwebenden Betonungen:

sekenesse 25	darkly 51	godenes 54, 1832
lesynge 154, 675 u. a.	also 178, 618 u. a.	fairest 281
truly 615, 1045 u. a.	bookys 622	preysynges 635
tydynges 644, 76 u. o.	neyghbors 649	causeless 667
recheles 668	goynge 799	sterynge 800
knowynge 892	falsly 389	symply 854
humblynge 1039	chidynges 1028	thundrynge 1040
lyknesse 1079	ioynynges 1187	windowe 1191
wyndmelle 1280	sterlynges 1315	losynges 1317
godesse 1394, 1415	sturnelye 1498	fleynge 1523
giltles 1634	askynge 1700	ckirkynges 1943
wisprynges 1958	wynnynges 1965	bildynges 1966
shrewdenesse 1627		

II. Der Accent kann also nicht nur auf einer Bildungssilbe, gleichgültig ob lang oder kurz, oder auf dem zweiten Nominalcompositions-Bestandtheil ruhen, wie im Cursor Mundi, sondern auch auf einer Flexionssilbe mit auslautendem Consonanten (622), was bei dem Dichter des Cursor Mundi und des Harrowing of Hell nicht erlaubt war. Nur einfaches End-e ist ausgeschlossen. Die ebenmässigere Betonung des Französischen hat daher im Laufe des XIV. Jahrhunderts sich noch weiter eingebürgert.

Dazu stimmt, dass auch im Versinnern folgende Betonungen sich ergeben:

Auf der III. Hebung:

folweth 5	*also* 144	*oonly* 277
frendly 278	*frendschippe* 307	*other* 799, 800
upper 884	*alway* 961	*wexen* 1391
myghty 2019		

Auf der II. Hebung:

blowynge 230	*woman* (?) 333	*oonly* 647
dwellynge 751	*ryvers* 901	*upper* 961
sittyng 1394	*latyn* 1483	*giltles* 1656
kenely 1725		

Auf der I. Hebung:

cryinge 170	*gladly* 605, 1861	*godesse* 1406
also 1725	*under* 1919	

III. Einmal wird das erste Glied einer praepositionalen Zusammensetzung ungewöhnlicher Weise betont:
Up to the paleys anon ryght 1075.

IV. Die Alliteration spricht, hier wie im Cursor Mundi, dafür, dass, wenn Wortton und Verston nicht zusammenfallen, der erstere den Sieg davon trägt:
Of golde stondynge in sondry stages 122
And eke moo holdynge in hondes 692.

V. Ueber französische Wörter ist nur beizufügen, dass schwebende Betonung auf Zwischenvocal nicht vorhanden ist.

VI. Schwebende Betonung syntaktischer Art:

1) eine Präposition kann in der Hebung stehen, das regierte Pronomen in der Senkung:
Of (the Y) tymes of hem ne the causis 19,
For thorgh yow is my name lorne 346.
Aehnlich: 191, 257, 60, 98, 464, 526, 614, 720.

2) Oder ein Hilfszeitwort auf der Hebung und das Hauptverbum in der Senkung:
I wol make Inuocation 67.
Aehnlich: 289, 773.

3) Das demonstrative oder indefinitive Pronomien auf der Hebung, das Nomen in der Senkung:
That some man of his pure kynde 280,
Wel worth of this thynge grete (g. f. Y) *clerkys* 53.
Aehnlich 535, 9, 78, 87, 843.

4) Selbst in einem scharfen Gegensatz fällt ein Pronomen in die Senkung, behält dabei natürlich seinen Wortton und wird so der Aufmerksamkeit wie ein Stein in den Weg gelegt:
And noght hym nor his folke dispisest 638;
No thinge so swifte lo as she is 350.

§ 38. *Alliteration.*

Alliteration erscheint
auf der I. und II. Hebung: 66 mal,
auf der I. und III. Hebung: 55 mal,
auf der I. und IV. Hebung: 42 mal,
auf der II. und III. Hebung: 51 mal,
auf der II. und IV. Hebung: 38 mal,
auf der III. und IV. Hebung: 52 mal;
auf der I. II. und III. Hebung: 99, 134, 214, 500, 817, 21, 46, 91, 914, 1021, 85, 1186, 39, 541, 755, 945, 2030, 69, 87;
auf der I. II. und IV. Hebung: 314, 1064, 103, 37, 207, 51, 306, 13, 42, 401, 35, 2057;
auf der I. III. und IV. Hebung: 318, 445, 550, 768, 1721, 67, 99, 2050, 142;

auf der II. III. und IV. Hebung: 626, 32, 803, 1009, 605;
auf allen Hebungen: 258, 1959;
auf der I. und II., III. und IV. Hebung: 509, 1672, 2118;
auf der I. und III., II. und IV. Hebung: kein Fall;
auf der I. und IV., II. und III. Hebung: 954, 2115.

Die Ergebnisse sind hier auffallenderweise nicht ganz dieselben wie in den beiden ersten Dichtungen. Die im Ae. beliebteste Stellung ist häufiger vertreten; die alliterierenden Wörter erscheinen am seltensten im Versausgang und am öftesten in der ersten Vershälfte allein; endlich hat Chaucer verhältnismässig noch mehr Alliteration als der Dichter des Cursor Mundi, obwohl sie sonst bekanntlich im Norden stärker fortlebte als an der Themse. Ich glaube nicht fehlzugehen, wenn ich vermuthe, dass Chaucer das stete Vorwiegen des — jetzt meist klingend gereimten — Versschlusses als vulgär empfand und daher eher die erste Vershälfte verstärkte. Es stimmt dazu, dass er von den sonst so beliebten Formeln nur spärlich Gebrauch machte: *lorde and lady* 206, *golde that glareth* 272, *foule or faire* 767, 839, *toppe and tayle* 880, *lyght and lewed* 1096, *telle tales* 1198, *domes day* 1284.

§ 39.

Ferner hat er die erste Vershälfte wohl auch durch energische Auftaktlosigkeit oft gekräftigt; sowie durch Binnenreime:

And of somme hit shal neuer come 6,
I wol you tele every dele 65,
Any woman on any (o. a false Y) man (?) 333,
Wayte upon the conclusyon 342,
But er I bere the moche ferre 600,
Allas quod they and welaway 1562,
For goddes loue that sit a boue 1758,
Shaltow here (anoon X) many oon lere 2026,
He come forth ryght to another wight 2061.

§ 40.

Endlich hat er — natürlich wohl unbewusst — diese Wirkung vermehrt durch häufiges Enjambement, welches hier zweimal so oft vorkommt als in den beiden andern Denkmälern, und durch häufige, oft sehr starke Caesur innerhalb der ersten Vershälfte.

A) Zwischen I. und II. Hebung,

I. indem die erste Hebung des Verses sehr nachdrücklich hervorgehoben werden soll:

The temple, for in portreytoure 131,
Naked, fletynge in A see 133,
As streight, as that they myght[e] goo 197,
How high I can not telle yow 547.

Aehnlich: 152, 9, 205, 450, 613, 951.

II. Indem ein Ausruf oder eine Betheuerung markiert wird:

I not; but who-so of these meracles 12,
Devyne he; for I certenly 14,
Mette, I trowe, stedfastly 61,
Loo, with suche a conclusion 103, 737, 76.
Allas, what harme doth Apparence 265, 300, 1, 15, 32.
For certeyne, for the more parte 336, 426, 724.
Now herkeneth, as I haue yow seyde 109, 509.
But what, when this was seyde and doo 372,
Gladly, quod I; now wel, quod he 605,
Geffrey, thou wost ryght wel this 729,
A ha, quod he, lo so I can 865,
Be god, quod he, and as I leue 875, 382, 584.

Aehnlich: 97, 170, 213, 492, 4, 502, 80, 643, 790, 860, 992, 1000.

III. Indem ein Gegensatz oder eine Ankündigung markiert wird:

As thus: of loue he wolde haue fame 305,
(O haue ye men such godely hede)
In speeche, and neuer a dele of trouthe 330/1,
In ryme or elles in cadence 623,
Quod he, noo helpe me god so wys 700, 1, 873, 913, 4, 97.

IV. Bei Aufzählungen:
The gendres, neyther the distaunce 18,
Prison, stewe or grete distresse 26,
Dispite or Jape or vilanye 96.

Aehnlich: 30, 137, 44, 62, 258, 85, 7, 401, 32, 49, 93, 516, 666, 739, 43, 67, 810, 9, 24, 46, 56, 67, 91, 902, 18, 66, 7, 78.

V. Indem der Satzeinschnitt zwischen Antecedens und Relativum an diese Stelle fällt:
Cresus, that was kynge of lyde 105,
The wordes, that she to hym seyde 191,
That, that weddynge longeth too 244.

Aehnlich 173, 523, 9, 78, 94, 606, 40, 773, 959.

VI. Zwischen Verbum und Objectsatz:
Prey I, that he wolde me spede 78,
I fonde, that on a walle ther was 141, 369, 499, 893.

VIII. Zwischen parenthetischen Sätzen:
Eke, though I myght dure euer 353,
Saugh he, which is longe to telle 446,
Ryght so, sey I, be fire or sonne 742, 888.

Aehnlich: 546, 641, 91, 735, 97, 995.

VII. Zwischen beigeordneten Sätzen:
so that thou take
Goode herte and not for fere quake 604, 885, 927, 56.

B) Sogar zwischen Auftakt und erster Hebung,

I. Indem der Dichter einen Ausruf markiert:
Loo, how a woman dothe amys 269, 310, 88, 96, 593, 757, 957.
O, sothe ys, euery thinge ys wyste 351.

II. Bei parenthetischen Sätzen:
That, shortly for to telle, she 242,
For, also browke I wel myn hede 273,
That, dreme he barefote, dreme he shod 98.

Aehnlich: 341, 406, 12.

§ 41.

Aus all dem geht hervor, dass Chaucer das Kurzreimpaar, ohne es seiner nationalen Besonderheiten zu entkleiden, von dem naiven Klapperton, in welchen es bei den volksthümlichen Reimern neben ihm zu verfallen begann, emporhob zu einem würdevolleren Ebenmass; dass er noch mehr als seine Vorgänger die Freiheiten desselben zu künstlerischen Zwecken ausnutzte; dass er ihm eine feine Ausdrucksfähigkeit verlieh, durch welche die Gedanken in klarerem Zusammenhang, die Empfindungen in lebendigerem Wechsel erscheinen. Er hat dies alte Metrum von neuem geadelt, in gebildeterer Weise und mit dem Stempel einer starken Individualität. Er durfte die rhythmische Roheit der Bänkelsängerromanzen verspotten.

Lebenslauf.

Am 16. November 1866 wurde ich, Charles Langley Crow, als Sohn des Kaufmanns George L. Crow und seiner Frau Virginia, geb. Simmons, zu Norfolk in Virginien (Vereinigte Staaten von Nordamerika) geboren. Ich sowohl als meine Eltern bin presbyterianischen Glaubens. Vorgebildet auf der Rodman School und der Norfolk Academy zu Norfolk, besuchte ich von Herbst 1884 an die Washington and Lee University zu Lexington, Virginien, wo ich im Juni 1888 den Grad eines Master of Arts erwarb. Vom September 1888 bis Juni 1889 war ich an der Charlotte Hall Military Academy in Maryland als Teacher of Latin angestellt, und seit Michaelis 1889 gehöre ich der Universität Göttingen an.

Meine wissenschaftliche Ausbildung verdanke ich den Herren Professoren und Doctoren James Albert Harrison der Washington and Lee University, J. Baumann, A. Brandl, M. Heyne und G. Roethe der Universität zu Göttingen und dem Herrn Dr. Holthausen, jetzt in Giessen. Zu ganz besonderem Dank jedoch bin ich Herrn Professor Dr. A. Brandl verpflichtet für das grosse Interesse, welches er meinen Arbeiten zu widmen die Güte hatte.